脱「貧困」への政治

雨宮処凜、中島岳志、宮本太郎、山口二郎、湯浅 誠

はじめに……2
第1部　反・貧困と市民社会
貧困問題を生み出す構造と、果たすべき責任　湯浅 誠……3
パネルディスカッション　湯浅誠、中島岳志、宮本太郎、山口二郎……14
第2部　プレカリアートの乱？
二一世紀日本の若者と貧困
トークセッション　貧困がもたらす社会の崩壊　雨宮処凜 vs. 中島岳志……30
パネルディスカッション　雨宮処凜、中島岳志、宮本太郎、山口二郎……43

岩波ブックレット No. 754

はじめに

宮本太郎

このブックレットは、二〇〇八年一二月一二日と一九日、北海道大学大学院法学研究科の附属高等法政教育研究センターを中心におこなった連続シンポジウム「どうする？　二一世紀日本の貧困と格差」の記録である。

二一世紀の日本において、貧困と格差が広がり、社会の底割れ状況とも言うべき事態が進行している。社会のもっとも弱い部分が、セーフティーネットに守られることがないままに露出し、そこを二〇〇八年秋から加速した経済危機が直撃している。

危機がある水位を超えたという感覚が地域社会にも広がっているのであろう。連続シンポジウムでは、どちらの回も広い会場が市民と学生で溢れかえった。本センターは、年間をとおして多様なテーマで研究会、講演会、シンポジウムなどを開催し多くの人々の参加を得ているが、スタッフが会場整理に汗だくになり、一部の参加者には会場外のテレビを見てもらう、というのは希なことであった。

このシンポジウムでは、いま何が起きているかだけではなく、事態を打開する新しい政治のかたちを考えた。貧困の問題に市民社会の視点から接近する湯浅誠氏にとって、政治はあくまでツールである。雨宮処凛氏がかかわる「インディーズ系」の労働運動も、これまでの政治のかたちを突き抜けている。こうした両氏に北大の政治学者が応答することで、このブックレットは既成政治のパターンに収まらない「脱「貧困」への政治」を模索した。

なお、このシンポジウムの開催にあたっては、グローバルＣＯＥプログラム「多元分散型統御を目指す新世代法政策学」（研究代表・田村善之教授）および北海道大学公共政策大学院の遠藤乾教授にもご協力いただいた。記して謝意を表したい。

第1部　反・貧困と市民社会

貧困問題を生み出す構造と、果たすべき責任

湯浅 誠

非正規切りという事態

派遣切りが始まっています。これは単に派遣労働者だけの問題ではなく、請負などを含めた非正規切りの問題です。

最近(二〇〇八年一二月初め)の報道によると、二〇〇九年三月までに自動車九社で一八八万台減産、三万人の首切りが行われるそうです。三万人という数字は氷山の一角だと言われています。これは厚生労働省のハローワーク(公共職業安定所)が会社に電話をかけて、算出した数字にすぎません。電話で聞かれたとき企業に報告義務があるわけでもない。「うちの会社はこれだけ切るんだぞ」と自慢する会社というのもまずない。ですから、どこも控えめに答えます。東京では一〇〇〇人ピッタリという非常に不自然な数字になっており、実際はもっと多くなるでしょう。それでも、これだけの数字になるのです。労働組合は一〇万人、もしかしたら数十万人にまで達するのではないかという話もしている。そういう事態がいま起きています。

私たちのところにも、派遣切りにあった方の相談が続々ときています。

例えば、キヤノンの宇都宮工場で働く派遣の女性(四三歳)から相談がありました。キヤノンの宇都宮工場というと、偽装請負が真っ先に問題になった工場です。

湯浅 誠氏

彼女は二〇〇八年一一月初めには「来月は仕事がないから、待機だ」と言われていた。「解雇だ」とか「出て行け」とは言われないけれど、一月以降の仕事があるのかどうか、一月になってみないとわからない。自分には帰るところがないので、やはり不安だと、彼女は言っていました。ところが、一一月の末に連絡をとると、仕事はとりあえず一二月一日から、ということになった。「よかった、よかった」という話をしていたのですが、彼女の仕事は、毎週金曜日に翌週一週間のシフトが出されて、週ごとに更新していくというもの。だから、毎週毎週、「つぎはあるのか? つぎはあるのか?」と不安になる。

そういうときは社内で噂が飛び交って、疑心暗鬼になったり、不安が増幅されたりする。人間関係がギクシャクしたりもする。精神的にも追いつめられていきます。結局、一二月五日に連絡があって、「来週から仕事はないよ」と言われてしまい、待機ということになっています。

彼女は六カ月更新の契約で、二〇〇五年から三年半、キヤノンの工場で仕事をしている。最初は偽装請負でした。偽装請負が摘発された後に派遣になり、六カ月前からはまた請負になっている。そうやって、ころころと形態が変わっているのですが、やっている仕事はずっと一緒です。

この三年半ずっとまじめに仕事をしてきたにもかかわらず、六カ月ごとの契約が満了となる一二月二五日で「はい、さよならよ」と言われるのではないか、とても不安だと言うのです。そういう人がいくらでもいます。もちろん派遣切りの被害者だけではなく、その余波はいろいろなところに広がってきており、もっとも弱いところにいる人から排除されていくわけです。

年末年始やゴールデンウィーク、お盆といった時期は、一般的にはのんびりした時期になりますが、そのような時期が、不安定な働き方をしている人たちにとってはもっともきつい時期になるのです。なぜかというと、仕事がなく、給料も入らないからです。

例えばネットカフェで暮らしている人たちは、ゴールデンウィークのために四月ぐらいから節約しておかないと、この時期を乗り切れない。季節の変わり目だからといって風邪をひいたりすると計画が狂ってしまい、ゴールデンウィークのあいだはネットカフェにも泊まれなくなり、路上で寝ることになる。

今回の不況で派遣切りにあう人は、路上生活経験のない人がほとんどでしょう。どこへ行ったら温かく寝られるのか、どうやったら段ボールを集められるのか、どうやったら食事がとれるのか、一切わかりません。最初は皆そうなのです。路上生活の初めの一週間や一〇日間は水だけで暮らしていたというような人は、そんなに珍しくない。

このような人をどうするかが問題です。二〇〇八年六月に日本弁護士連合会(日弁連)が「非正規労働・生活保護ホットライン」を実施しました。このときは約一万八〇〇〇件の電話がかかってきましたが、実際に電話がつながって相談を受けることができたのは一割ぐらいで、あとの九割は電話をかけてもつながらないという状況になりました。

では、つながらなかった人たちをどうしたらいいのでしょうか。もちろん、当日電話をできなかった人や、ホットラインの存在を知らずに苦しんでいる人、知っていても電話しなかった人など、背後には厖大な数の問題があるはずです。

ここからが政治の領域になっていくと思うのです。

非正規と正規の対立を超えて――機能不全のセーフティーネット

私が今回の派遣切りの問題で気になっているのは、実は正社員の問題です。非正規の人たちを雇用の調整弁として使うということは、別にいまに始まったことではありません。ずっと昔からありました。だけど、いままではそれにまともに異を唱えてこなかった。正社員の人たちもいわば黙認してきた面があったわけです。

このときの理屈は次のようなものではないでしょうか。

例えば出稼ぎに来ている労働者や、親元に住んでいるフリーター、あるいは夫のいる主婦パート。そういう人たちは、仕事を切られたり、雇用の調整弁として使われて、かわいそうだけれど、生活できなくなるわけではない。生活を支えてくれる家族や生活手段が他にある人たちなのだ。他方、自分たちは、家族(主婦パートや学生アルバイトを含む)を養わねばならない。だから、自分たちが仕事を失ったら一家全員、路頭に迷ってしまう。非正規とは責任が違うのだ。自分たちの仕事はその責任に見合うだけのものなのだ。――そのような感覚で、非正規の問題をあまり重視してこなかったのではないかと思います。

この一〇年間で非正規の人がおよそ六〇〇万人増えました。現在は、そのなかで初めての本格的な不況です。そのとき、またいままでと同じように、「あの人たちはしようがない」といって非正規を切りますか、正社員はそれを黙って見ていますか、ということです。私はそれが気になってしようがないのです。

この一～二年で明らかになったのは、夫婦とも非正規の共働きでギリギリの生活を送っている人たちがいるということです。非正規雇用の収入で家計を支えている。あるいは年老いた両親の年金がわずかなため、非正規で働く自分の給料を家に入れることで生活を支えている、そういった人たちがかなりいます。ワーキングプアの問題です。

そして正社員は、新自由主義的な風潮のなかで「既得権益」として批判され、「日本の正規雇用者は守られすぎている」と叩かれている。非正規雇用の問題を黙認していたら、同じような問題を自分たちに突きつけられてしまっているというのが現状なのではないでしょうか。

このような現状で、企業の責任はきわめて大きいのですが、一方で政治の責任も大きい。

セーフティーネットという概念がありますが、これは三層の構造になっています。一段目の雇用の領域でうまくいかなくても、二段目の社会保険のネット、さらに三段目の公的扶助というネットが受け止める。こういう重層的な構造が本来のセーフティーネットのあり方です。憲法二五条で、われわれは生存権を保障されているわけですが、現実には、この最低ラインを下回る人たちが大勢でてきている。セーフティーネットが機能していないのです。

ここまでの話ならば、貧困問題は、「この人たちはかわいそうだから、なんとかしてあげましょう」ということになるのですが、ここで終わらないのが貧困問題の難しいところです。

この人たちも当然、生きようとする。そのときどうするのか。雇用は支えてくれない、公的なネットも利いていない。セーフティーネットからはじかれた状態で生きている人たちの少なくない数をその家族が支えていますが、家族が支える力もいまは弱まってきています。フリーター第一世代ももう四〇歳になる頃ですから、その親世代はすでに労働市場から撤退している年齢です。いつまでも子どもたちの面倒をみる余裕があるわけではないでしょう。

すると、彼らは家庭の外に出てきます。それでも生きていこうとすると、結局、働くしかないのです。三層のいちばん上の雇用の領域に戻っていくわけです。

「なんだ、働けるのだったらいいではないか」という話かというと、そうではない。このとき、どういう労働者になって戻ってくるかを考えて欲しい。

彼らは、今月の家賃が払えない、住むところがない、今日明日食べるものもない、という状態で労働市場に戻ってくるのです。とにかく今日明日のお金が必要だから「どんな低賃金でも働く」、「どんな条件でも呑む」、「どんなに話と違う現場でも行く」、「今日明日食える仕事をください」という労働者です。

これを私は「NOと言えない労働者」だと言っています。

すると、どういうことが起こるか。労働市場のなかに日給五〇〇〇円でも四〇〇〇円でもいいから働くという人たちが増えてくる。雇う側も当然、そんなに安く働く人がいくらでもいるのに、なぜ日給一万円で雇わなければいけないのだ、という話になります。労働市場がガタガタと壊れていく。

これが、先ほどの、正社員たちが非正規の人たちを軽視していたら、その声がテコとなって利用され、自分たちの首を絞めるという貧困スパイラルの問題です。そして正社員の低処遇化、成果主義化を進めていく圧力になります。問題は、常に自分たちに跳ね返ってくるのです。

非正規・正規という分け方ではなく、雇用全体をしっかり守ることが、ひいては自分たちの利益にも適《かな》うということを正規雇用の人たちは自覚し、問題を立てていく必要があります。

正規と非正規の表面的な対立は、問題の本質を見えなくしてしまい、一部の経営者だけを利する結果につながっていきます。こういった点を、労働組合のナショナルセンター、連合(日本労働組合総連合会)や全労連(全国労働組合総連合)がどう捉え、動くのか。非正規の問題を黙認すれば、結果的に墓穴を掘ることになる。ここが非常に重要なポイントです。

いま、あらわになってきている貧困の問題というのは、もともと野宿の問題に内包されていた。野宿者の存在は、「炭鉱のカナリア」的な面がありました。野宿の人が目の前で寝ているわけですから「目に見える貧困」です。これは日本社会へ警鐘を鳴らす存在です。

日本社会はずっとそれを見逃してきた。そのメッセージを受け止め損ねてきた。「なんだか変わったやつらがいるな」、「公園を占拠されてはこっちが迷惑」などと語ってきたのです。この警告をもう少し早く受け止められていたならば、日本はいま、このような状態にはなっていなかったかもしれないと思うのです。

社会の形がどう変わったのか

日本社会はかつて提灯《ちょうちん》型社会と言われた。中間層が分厚くて、上下の格差が小さい、そういう社会です。経営者と平社員の間も収入、報酬がそんなに開いていない、そういう社会。もちろん当時も貧困層は存在しました。

ところがいまの日本は、提灯のような形をした風船を横からギューッとプレスするように潰した形になっています。横から押さえつけるので、縦長の楕円になる。

このような圧力がかかると、下が出っ張ってきますから、貧困層が増えてきます。けれど、貧困層が増えてくる社会というのは、貧困層だけが増えるわけではない。横からプレスしているから、真ん中が細くなっていきます。同時に中間層が弱まっていくわけです。

そして上も出っ張っていきますから、富裕層が増えてくる。いま純金融資産を一億円以上持っている富裕層は一五〇万人。一方、生活保護を受けている人が一五七万人ですから、ほぼ見合っている。その数は年々、五%ずつ増えていくと言われており、縦長に伸びていきます。

これをさらに横からプレスし続けたらどうなるかというと、最後は破裂してしまう。破裂する直前の形は、真ん中が細く上と下が膨らんだ、ヒョウタンの形になります。アメリカ型社会がこのような形と言われています。中間層が弱くて、上下に二極化された社会です。

このままプレスし続けなければ日本はグローバル競争に生き残れない、と言われてきた。その大本《おおもと》であるアメリカがあのような状態になっている。プレスを本当に続けていていいのか、という問題に多くの人たちが気づき始めました。

この先どうするのか、潰す力をもう一度強めるのか、あるいは元の形に戻していくのか。そこがいま、問われています。

「しようがない」の悪循環を断つ

貧困ラインの下が増えたという部分だけを議論していたら、問題の本質は見えません。「最近の若い人、だらしないのかな」、「ガッツが足らないのかな」、「コミュニケーションがとれないのかな」といったように、貧困に陥っている人たちの資質の問題に還元していくことになってしまうからです。けれど、社会の形を見れば、問題は構造的なものであって、どのような圧力が問題の根源に存在するかがわかってくる。貧困層の個人的な資質の問題ではなく、形＝構造の問題だということが理解できると思います。

私は最近、移動することが多いので新幹線によく乗ります。新幹線を東京駅で待っていると、降りる人を出した後、いったんドアが閉まって、中を清掃のおばさんたちが一気に掃除をする姿を見ることがありますよね。あの人たちがどういう状況におかれているか考えてみましょう。例えば、新幹線の本数はいまどんどん増えていますね。しかも飛行機との価格競争がありますから、値段を上げられない。そうすると労働強化が起こるのです。以前まで三両を一〇分かけて清掃していたのが、九分でやってください、八分でやってください、七分でやってください、となっていく。

そうすると、みなギリギリで働くようになる。もう走るように働かないといけなくなる。このように、きつい状態が拡大していく。スピードアップでハードルは上がっていきますので、他の人と同じペースでテキパキ動けない人が出てくるだろうと思います。

そういう人は、最終的には解雇されてしまうわけですが、しかしその前に、同僚のいじめにあって辞めるだろうなと思うのです。「あんたがモタモタしているから、いつまでたっても終わらないじゃないか、全体のせいにされるじゃないか」と言われて、職場からはじかれていく。

労働市場が、暮らしが厳しくなってくるなかで、余裕も失われていきますから、そんなことが起こってくる。私はそういった目に見えない境遇や条件を「溜《た》め」と言っていますが、社会の「溜め」がなくなっていく。

では、この人たちは労働市場からはじかれたときに、セーフティーネットで支えられるかというと、そうはならない。この人たちは、次にこう言われるわけです。「あなた、働けないのですか、働けないわけではないのでしょう、だったら働きなさいよ、ぜいたく言うんじゃないよ、選ばなければいくらでも仕事はあるのだから」と。こうやって、貧困者は量産されていく。

そして、この人たちは「NOと言えない労働者」になり、悪循環が加速する。だから、この連鎖を断たなければいけないのです。「この人たちはかわいそうだから、なんとかしてあげましょう」というような話では、問題の解決は難しい。この構造に目を向けなければならない。

そのためには、私たちが声を挙げていく必要があります。やはり、行政にはきちんと憲法や法律を守ってもらう。おかしなことに対してはおかしいと言う。誤った政策に対してはしっかりと批判をして修正させる。それがやはり、私たちの市民としての責任だと思うのです。

いままで私たちは、ずっとそれをあきらめてきた。不況だからしようがないのだとあきらめてきた。「このままでは企業が潰れるけど、いいの？」と言われて、非正規を増やすのはしようがないのだと許してきた。

「しようがない、しようがない」

「国はいま借金漬けだから、社会保障費を削るしかない」と言われて、それも許してきた。

「しようがない、しようがない」

そうやっているうちに、どんどん生きづらい世の中になってきた。

日本全体において、まともな生き方ができない社会になりつつある。そのことが、不安の連鎖をおこし、安定した環境をさらに破壊していく。

急激な少子化が進んでいるのも自然現象ではなく、様々な人為的な要因がからんでいます。

「しようがない、しようがない」で、あきらめて、あきらめて、子どもを産み、育てられる社会もあきらめますか、と私は問いたい。そうなったら、日本はもう社会の体《てい》をなさない。

「しようがない、しようがない」はもうやめましょう。

私たちが果たさなければいけない責任、それは市民としての責任です。「自己責任」という圧力を、貧困層にかけている場合ではないのです。

パネルディスカッション

湯浅誠、中島岳志、宮本太郎、山口二郎

迫られる政策転換

中島　まず、湯浅さんが提示されたセーフティーネットの問題について議論していきます。

現在の日本における生活保護の捕捉率は一五～二〇％と言われています。つまり、最低限度以下の水準で生活している人の八割以上が、生活保護をもらわずに生活している。本来、生活保護の対象となる人の八割以上がもらえていないわけです。

二番目の層の社会保険でも、雇用保険の失業給付などは、そう簡単にもらえなくなってきている。日雇い派遣の人たちなどは、この枠から完全に外れてしまっています。つまり、新自由主義化した労働市場から排除されると同時に、公的な制度からも排除されてしまい、多くの人が一気に路上に放り出されてしまう。こんな社会構造ができあがっているのが近年の問題だろうと思います。

ではこのとき、政治は何をすべきか？　このあたりから始めたいと思います。

山口　いまの湯浅さんのお話を聞いて、やはり私も政治学者の端くれとして非常に責任を感じるのです。もう二年前ですが、『論座』（二〇〇七年一月号）に掲載された、赤木智弘さんというフリーターの人による「「丸山眞男」をひっぱたきたい　三一歳フリーター。希望は、戦争。」という衝撃的な文章を読んで以来、私も政治学はいったい何の役に立つのだろうということを考えてきました。いま人間の尊厳が守られる社会をつくるために、市民は何をすべきか。そのことをきちっと語れない政治学なんて意味がないと思っています。

日本の現状というのは二重の問題を抱えています。ひとつは小泉改革で労働の規制緩和、社会保障の大幅な歳出抑制、地方交付税の削減、公共事業の削減など、ともかく人間が生きる土台をどっと取り崩してきたという問題。そしてその上に二〇〇八年九月以降、世界金融危機が襲ってきた。その二重の衝撃でもって社会、経済が疲弊してしまっているわけです。

　いまの不況は、天災ではない。人災です。明らかに政策転換がないといけない。個人のレベルでできることをするのも必要ですが、それだけではやはり限界があって、政策を変えないとどうしようもないところに来ています。政策を変えるということは、端的に言ってしまえば国会の多数派を変えるということですね。いままさに、目の前に課題があるということを強調したいと思います。

山口二郎氏

　次に申し上げたいのは、言葉使いの問題です。小泉政権の時代「構造改革」という言葉がずいぶんと流行りまして、普通の人たちもそれに拍手を送りました。何のことはない、医療費を削り、労働市場で労働規制緩和していくことが「改革」だと称賛されてきた。政策というのは結局のところ利益配分の変更です。要するに、労働者の待遇を悪くして、経営者の取り分を増やすということを「改革」だとみんな言っていたわけです。

　最近になって、ようやく「では、困っている人にお金をまわそう」と議論し始めると、「それはばらまきだ」と非常にネガティブな言葉が貼り付けられる。弱者に対する再分配は「ばらまき」で、強者に対する利益配分は「改革」だと言ってきた。

　景気が悪いから新自由主義型の「小さな政府」を変えるというのは当然なのですが、相変わらず新自由主義型の政策を「改革」というプラスの言葉で表現している。朝日新聞と東京大学の政治学者が政治家の意識調査をして財政出動路線を、「改革からの後退」などと言っている(二〇〇八年

宮本太郎氏

一二月八日)。

宮本　新自由主義が八〇年代からずっと世界を席巻してきたのですが、〇八年秋のリーマン・ショック以降、少なくとも、市場に任せて自由放任にしておけばすべてがうまくいくという、教養としての新自由主義は完全に説得力を失いました。けれども、お金がないから仕方がないという、惰性としての新自由主義、思考停止としての新自由主義が続いていくわけです。

その一方で、経済危機をかっこうの言い訳として、ばらまき型の利益誘導も始まっています。定額給付金しかり、道路特定財源の事実上の温存もしかりです。このようなばらまきは、さっき湯浅さんがお話しになったような人たちの手元に届かないという点では、新自由主義型の緊縮政策と機能的には等価なのです。そしてその結果、お金がだんだん底をついていけば、金がなくなってもう何もできないという惰性としての新自由主義にまたつながっていきます。

ほんとうに必要なところにほんとうに必要な支援を提供するオルタナティブを出していかなければならない。一方では、さきほど山口さんが言われたように、なんでもかんでも政府の役割をばらまき扱いにしてしまうような議論があるだけになおさらです。「惰性としての小さな政府」でもない、経済危機を口実にした「焼け太り型の利益誘導」でもない、「よい政府」というのを自治体レベルできちっと出していかないと、いよいよもってたいへんだと思います。

湯浅　セーフティーネットが、いままで基本的に「負担」として捉えられてきたことが問題だと思います。結局、「なぜ、あの人たちのためにお金を出さなければいけないんだよ」「自分のお金は出したくない」というように「負担」と見なされてきた。

しかし、福祉国家やセーフティーネットの根底には、そもそも「国を強める」という目的があった。国民の生きる基盤を整え、社会がうまく回る仕組みをつくることで国力が増強される。つまり、セーフティーネットを整えることは、必要な投資と考えられていた。

私がいつも疑問に思っているのは、企業にはいくら補助金を出しても、これは投資だと言われるけれども、人間に出したとたんに負担だと言われることです。「そんなやつになぜ出すのだ」「甘やかすだけだ」と言われてしまう。セーフティーネットを国民に対する直接投資だと、なぜ考えられないのだろうと疑問です。

セーフティーネットがちゃんと張られているからこそ、思い切ったチャレンジもできるし、社会に活力が生まれる。財布のヒモだって緩むわけですよ。将来に対する不安があるから、いくらかでもお金がないと不安でしようがない。そういう不安から解放し、社会の活気を促進するのがセーフティーネットです。逆にセーフティーネットがない社会のほうがリスクが高く、世の中がうまく回らなくなる。だから、負担から投資へというように、セーフティーネットの考え方を転換させなければいけないと思います。

中島岳志氏

思い起こせば、日本社会というのはずっと政府が吸い上げたお金を大企業などに補助金として下ろして、それがそこで働く労働者、そして家族に回って、それが下請けに下りてきて、またそれが孫請けに下りて、そこの労働者から家族に回って、……というようにツリー状に下ろしていくシステムでした。私はこれを「日本型トリクルダウン」と言っています。

しかし、九〇年代になると、税金を吸い上げて大企業に落とすところまでは変わっていないのですけれど、それが末端まで行き届かなくなってしまったのです。だから、いまこそちゃんとセーフティーネットを整えなければいけない。

新自由主義と構造改革の矛盾

中島　戦後の日本社会では、セーフティーネットの三層構造のうち機能していたのは、雇用のネットだろうと思うのです。この雇用のネットというのは、日本型経営と言われるような終身雇用、年功序列によって支えられてきました。そして、村落的な家父長制にもとづいた富の再分配が行われてきたわけです。公共工事が政府から下りてきて、それを不透明な社会慣習によって分配してきた。談合や根回しですね。ここでは成人男性が一家の大黒柱で、彼が構造の中に組み込まれることによって、家計は安定してきた。そして、この構造こそが、自民党の一党優位体制を担保してきたわけです。地方に行けば行くほど、このような構造は強固なものとして存在し、彼らが安定的な票田として機能してきた。

しかし、この社会のあり方、雇用のあり方が、八〇年代から綻《ほころ》びを見せてきました。労働者派遣法の制定は八五年ですね。「蟻の穴から堤も崩れる」ではありませんが、合法・非合法を含め労働市場の自由化が進みました。同時に、政治改革を求める声が高まり、アンフェアなあり方を是正するという風潮が強まった。そして、この改革の大合唱のなかから「小さな政府」への支持が生まれてきました。さらに平成不況が始まり、その不況の要因を日本社会の閉鎖的な構造に求める議論が大きくなると、「社会の構造を改革しなければならない」という議論になり、規制緩和や「官から民へ」という政策が進められたわけです。公共工事は「ばらまき」と呼ばれ、悪の権化のような扱いをされた。

戦後日本の生活を支えてきた「雇用」のネットが大きく崩壊するなかで、政府は本来、社会保障や公的扶助の拡大、あるいは時代に応じた制度への転換を進めるべきだったのですが、しかし「小さな政府」路線の強化から、この領域の縮小を図ってきた。そうしたら、労働市場からはじかれた人が、最低限度の生活すらできないような状況に陥ってしまう社会が出来上がってしまったわけです。

経済政策においても、根本的なミスをしたと私は思います。世の中が平成不況というデフレの時に、規制緩和や緊縮財政を進め、さらにデフレを進めるようなことを行った。「改革」「改革」という言葉に踊らされて、当たり前の経済政策の逆のことを行い、問題を深刻化させました。

デフレが進んでいるときは、価格の下落を止めるために財政出動をし、金利を下げて資金を供給しなければいけません。しかし、橋本政権における行政改革では、財政構造改革を進め、歳出削減を目指した。結果、山一證券や北海道拓銀などが破綻し、経済が大混乱したわけです。それでも、「改革」幻想は続き、小泉内閣によって「構造改革」が進められました。結局、バブル時代からの経済政策の失敗を、日本の社会構造に責任転嫁して熱狂を煽《あお》るというのが、九〇年代以降の政治だったのではないでしょうか。

一方、このような新自由主義政策に、なぜ左派が一時的にせよ、共感を示してしまったのかという問題があります。これは多くの人が「小さな政府」が「小さな権力」になると勘違いしたからだろうと思います。

結論から申し上げると、「小さな政府」は「小さな権力」にはなりません。「小さな政府」は事業と共に責任をアウトソーシング（外注化）するだけで、権限は依然としてもち続けます。つまり権限はあるけれども責任は取らなくてもいいというグロテスクな権力が誕生するということです。この最たる例が「戦争の民営化」です。戦場での戦闘などを民営化していけばどうなるか。国家は開戦の決定権をもちつつ、具体的な戦場での「戦争犯罪」の責任を取らなくてもよくなる。これは戦争のハードルを、間違いなく低くします。

だから、国民を含めて「自民党をぶっ壊せ」「霞が関解体！」などといったスローガンに熱狂したことを、いま一度、深く反省する必要があるだろうと思います。「抜本的改革」などという言葉が語られたりしましたが、「社会の根」を抜くようなことを進めると、社会の底が抜けてしまうことぐらい自明のはずです。

私は「大きすぎる政府」も「小さすぎる政府」も問題だと思っています。とにかく「極端なもの」は疑ったほうがいい、というのが保守主義者としての信念です。ですから、漸進的な改革を続けながら、国家の適正規模を見極める作業を進めるしかないと思います。とにかく新自由主義とは断固決別して、労働市場をまともなものに修正し、セーフティーネットを強化する。国民生活の安定的基盤を整えることこそ、これからの進むべき政治の道だと考えます。

山口　先ほど湯浅さんがお話なさった日本型トリクルダウン、おおむねそういう構造があったと私も思います。

九〇年代のまだバブルがはじけて間もない時は、貧困とか窮乏化という問題は見えていなくて、むしろ政府がどんどん公共事業をやって、それが景気対策だということを言っていた時代でした。だから、貧困ってそんなに切迫感がなかった。貧困というのは、じつは日本の政治学や経済学にとって新しい問題なのです。

経済学者の橘木俊詔さんが、日本の経済格差を問題にし始めたのも、やはりせいぜいこの一〇年ぐらいです。まだ比較的余裕があった時代というのは、「改革」がどのような結果を生むかというリアリティをもてなかった。政治家、とくに田中派系の、つまり北海道でいえば鈴木宗男さんみたいなタイプの政治家をちょっとお仕置きする、あいつら金に汚いから、やっぱりちょっと痛い目にあわせないといけないという感覚が一般的だったのではないかと思います。

官僚も、当時の大蔵省なんかはめちゃくちゃやってきたわけで、ゼネコン汚職など「もうやめてくれ」という怒りが国民のあいだでは強かった。とにかくルールのない世界でお金をばらまき、行政指導で権力を振るう。そうした官僚のやりすぎ、腐敗を是正するのが政治改革だったのです。

しかし、これが小泉の「自民党をぶっ壊す！」という威勢のよさと共に、意図しない形で新自由主義政策の方向へもっていかれてしまった。すると、新自由主義の問題を指摘しても、その声は熱狂に押し流されてしまったのです。

メディアの責任もあると思います。「改革」という言葉が、政治的意図を持った操作によって利用されたとき、それを是正しようとしても、もう止まらない。言葉が独り歩きして、新自由主義に反発すると「抵抗勢力」とレッテル貼りされる。やはり、言葉はしっかりと使わなければ、とんでもないことになりますね。

セーフティーネットの漸進的な改革

宮本　日本型トリクルダウンのシステムが壊れてしまったということもあるのですが、日本型の制度がまだ中途半端なかたちで生き残っていて、むしろ周辺の人々を排除しているという面もあります。社会保障が排除の機能をもつ、ということです。経済学者の大沢真理さんの言い方を借りれば、「逆機能」になっている。

どういうことか説明します。日本型の仕組みを私流に言い表すと次のようになります。まず、お父さんが大企業で働いていても、土建業のような中小企業で働いていても、その会社がつぶれないような仕組みがあった。つまり護送船団方式の行政指導とか公共事業などです。こうして、お父さんの所得が保障される。お母さんは家で家事と育児にがんばる。社会保障は、会社がもう面倒を見てくれなくなり家族も頼りきれなくなった、人生の後半部分の年金や遺族関係といったところに集中する。そういう仕組みだった。

ご存じのように日本ではおよそ三分の一が非正規の労働者ですが、もっと非正規が多い国は存在します。オーストラリアやオランダなど。でも、正規・非正規の格差がここまで顕著なところはない。なぜならば、現在の非正規の労働条件は、もともとはお父さんの収入を補完するパートの主婦や学生のアルバイトを想定して出来てきたからです。男性稼ぎ主が稼ぐのが基本だった。

ところが、申し上げたように社会保障が人生後半に集中しているから、住宅や教育、現役世代を支える保障が十分にない。だからその分、お母さんが家で家事や育児でがんばりつつもパートに出なければならなかった。けれども、税制あるいは年金制度、社会保険制度等からして、お母さんは稼ぎすぎてもだめだった。夫の扶養からはずされてしまうという「一〇三万円の壁」、「一三〇万円の壁」があった。だから日本では男性稼ぎ主を補完する低賃金の非正規の労働市場ができました。

ところが、いまそのパートの労働市場が、家計を支える人たちの仕事に動員されてきているわけです。したがって非正規層の経済基盤は不安定で脆弱です。ところが、健康保険や雇用保険は従来の男性稼ぎ主を基準にしているから、ハードルが高くて、加入できない。切羽詰まったときに、現役世代を支える仕組みは、先ほど申しあげたように社会保障、公共サービスとも非常に貧困である。二重三重の排除構造です。

では、どうするか。さっき湯浅さんが講演の中でお示しになったセーフティーネットの三層構造、これは雇用が安定している男性稼ぎ主の所得が何らかの事情で中断したときに、それを社会保険で代替する、という制度です。ところがこれが現実と完全にずれてしまった。

であるからこそ、雇用をよりしっかりしたものにしようと言っていくことも必要ですが、他方ではセーフティーネットのあり方そのものを変えていかなければいけない。安定した雇用を前提にした代替型から、十分でない賃金を様々なかたちで補完していく補完型への転換です。ベーシックインカムとまではいかなくても、給付つき税額控除とか負の所得税とか社会手当とか、いろいろ方法はあると思います。また社会保険の再設計も必要です。

中島　私もほとんど同じ意見です。保守主義というのは「反動」ではありません。人間の不完全性や限界を謙虚に見つめることからスタートし、極端な設計主義を批判するのが「保守」ですから、人間社会は永遠に不完全なまま推移すると考えます。だから、未来に完全な理想社会が誕生するとは考えないし、逆に過去に理想社会が存在したとも考えません。ですから、革命のような極端なレジームチェンジを排し、漸進的な改革を進めるというのが保守のスタンスです。その点から、単純に「昔に戻れ」と主張するのはおかしいと思いますし、すべきでもない。

社会構造が変化するなか、これまでの社会的経験知などをもとに、よりよい制度の構築を目指すべきです。宮本さんがおっしゃったように、セーフティーネットのあり方を、現代社会のあり方にフィットさせていくのが正論だろうと思います。

このあたり、湯浅さんはいかがお考えですか？

湯浅　宮本さんのお話は基本的に私も同感です。非正規雇用の問題ですが、これは正確に「半失業・半就業」者と言ったほうがいいのかもしれないと思っています。例えば派遣労働者の七割（二三四万人）は登録型派遣ですけれども、登録型派遣の人たちは、仕事がないときは一銭ももらえず、無収入で放置される。その人たちは働いていると同時に失業している。つまり、失業がすごく細かく織り込まれた働き方であるということです。

だとすると、働いているあいだは給料を払ってもらえるけれども、失業しているあいだはだれが支えるのだ、ということになります。当然、その両方である程度の収入が得られなければ、生活は回らない。雇用のネットの外で働く人の社会保険を充実させるという話にならざるをえない。

日雇い派遣などの日雇い労働の人は、日々雇用・日々失業ですから、半失業していながら、一日ごとという単位で雇用の問題、保険の問題を考えていかないといけないということになります。しかし、制度はそうなっていない。最近では一年以上の雇用見込みがないとダメだった雇用保険を、六カ月以上の雇用見込みでも受けられるようにすると政府は言っているのですが、これでも多くの人がこぼれてしまいます。

労働者派遣法の改正が議論されていますが、そこでは原則、日雇いは禁止して、一カ月以上の雇用でなければならないとすることが検討されています。しかし、これでは一カ月以上で派遣は認められつつ、六カ月以上の雇用でないと雇用保険は受けられないということになり、一カ月から五カ月までの派遣の人がこぼれ落ちてしまう。六カ月以上の人しか雇用保険を認めないというのだったら、派遣も六カ月以上でないといけないというように規制すべきだし、一カ月以上の派遣形態を認めるのだったら、一カ月の派遣でも雇用保険の受給資格はあるというようにしないといけない。

とにかく、失業者を家族が抱え込むことが難しくなっているなかで、新しい時代の制度設計が求められているのだと思います。

「溜め」とは何か

中島　そこで湯浅さんにお伺いしたいのですが、

『反貧困』(岩波新書)のなかで、何度も「溜め」という言葉を使っていますよね。様々な側面で「溜め」を失った社会が、現代日本なのではないか、そしてその「溜め」のなさが、問題を構造化していると指摘されていますが、そのあたりのところを掘り下げてお話いただけませんか。

湯浅　私が考えているのは、貧困の状態は「溜め」がない状態だということです。「溜め」を具体的にいうと、お金がいっぱいあるのは、金銭的な「溜め」があるということです。それから頼れる人間関係があるのは、人間関係の「溜め」があるということです。それから、生きていりゃそのうちいいことがあるのだと思えるのは、精神的な「溜め」があるということです。

逆に、こういう「溜め」を失った状態が「貧困」という状態だと思います。

例えば、カゼをひいたときに、周りで温かいものをつくってくれる人がいなければ、一日で治るカゼが二日も三日もかかってしまうかもしれません。寝汗をかいた寝巻を洗濯してくれる人がいるかどうか、あるいはすきま風がヒューヒュー吹くような家に住んでいるのか、暖かい部屋にいるのか、そういうことでカゼの治りは変わってきます。

また、仕事を二、三日休んだとしましょう。その人が正社員の人であれば、会社に復帰したときに「大変だったね」と言われておしまいですが、非正規の人だったりすると、職場がなくなっているかもしれないのです。そして、職場がなくなったとたん、失業給付も受けられない、貯金もないという状態で、家賃が払えなくなる。頼れる人もいないからお金を貸してもらえなくて、どうしようもない。しかたなしにサラ金で借りたら、すぐに多重債務状態になってしまって、家を失い、ホームレスになってしまう。そういうふうにアッというまに転がり落ちてしまう。

同じカゼをひいたという現象でも、その人のもっている「溜め」の大きさによって、もたらす結果はぜんぜん違うということです。

この「溜め」が奪われた社会が、近年の日本です。金銭的な溜め、人間関係の溜め、精神的な溜め、様々な「溜め」を社会構造の「改革」の中で崩壊させてきた。相手の「溜め」がどれぐらいあるのかを見ることができず、「自己責任」を押し付ける社会が誕生した。この「溜め」の喪失と貧困の拡大は、セットの現象です。

山口　いまのお話を聞いて、ひとつ思い出したことがあります。アメリカについての雑誌論文を読んでいたら、「貧乏だからウォルマートで買い物をする、だけど、ウォルマートで買い物をするから貧乏になる」という話があった。ウォルマートは世界最大のスーパーで、要するにディスカウントで有名なお店です。

お金がない人がウォルマートで安いものを買う、これはわかりますね。だけど、みんながウォルマートで買い物をしたら、みんながもっと貧乏になるという悪循環が起こる作用がある。なぜかというと、ウォルマートは労働組合を認めない、働く人間を徹底的にこき使って低賃金労働を押し付ける。しかもウォルマートが進出してくると、その社会から他のスーパー、店が全部なくなってしまうのですね。すると、そこでしか働き口がない、そこでしかものが買えないという社会になってしまう。そうすると、労働者は低賃金労働になる、商品の納入業者は安く買い叩かれる。どんどん悪循環が起こるということです。

それは日本でも起こっている現象です。例えば、行政のコストカットという問題。保育所を民営化すれば、保育士さんの賃金がガクンと下がって、優秀な人が辞めてしまって、保育所のサービスが低下したり、公営プールの管理を民間に任せてしまうと、排水口のフタをちゃんとしなくて事故が起こったりなど、そういうことは現にあちこちで起こっています。

納税者の目線から見て「無駄を省くべき」とか、消費者本位で「安いものを買いたい」とか、一見、だれも反対できない世論が暴走すると、悪循環が起こってしまう。もちろんわれわれは安いものを買いたいし、税金の無駄づかいは許せない。それはそうなのですけれども、何が無駄かということはよく考えないといけないですね。一見、無駄のように見えるものが、じつは湯浅さんの言葉でいえば「溜め」をつくっていたという例もあるわけです。

そうすると、山奥の道路は無駄だとか、そう箇単に言えるのか。もっと入念な議論をしないと、一概には言えないはずです。行政や公共セクターにおいては、効率性だけでは計れない要素が存在する。郵便局を民営化しちゃうと、田舎の郵便局がどんどんなくなる。そうすると、集落にとっては壊滅的な打撃になる。

やっとそういう問題が見えてきたところですから、これからは何が無駄かということについて、少し具体的な議論を行わなければいけない。世の中を人びとにとって生きやすいような状態に保つためには、やはり少しは余分なコストを払わなくてはならないということを受け入れなければいけない。モノやサービスの値段の点についても、「フェアトレード」の観点が必要になってくる。「フェアトレード」というと第三世界との貿易関係で使われますが、この発想が国内にも必要だと思います。

「溜め」を増やし、「生きる場」を支える政府

宮本 ウォルマートが短期的には低所得の人たちを潤すのだけれども、長期的には彼らをもっと苦しくさせるというのは、大事な指摘ですよね。つまり、人々を結び付けている「溜め」の関係、コミュニティを根本的に解体していってしまうわけですね。それで思い出しましたが、ロバート・ライシュによると、ウォルマートを経営するサム・ウォルトン一族の資産はいま九〇〇億ドルぐらいで、アメリカの下層の一億四〇〇〇万人分の資産とほぼ一緒であるそうです。資産ゼロの人がたくさんいるから、こんなすごいことになるのだと思いますが。

それはさておき、私は「溜め」の問題を「生きる場」の解体の問題としてとらえています。二〇〇八年の大きな事件であった秋葉原の殺傷事件では、容疑者がいかに「生きる場」を失っていたかが明らかでした。だれかに認められたい、あるいはだれかに支えられたい、にもかかわらず、そういう環境を一切合財、失っていた。

貧困はもちろん問題ですが、職場でも家族でも地域でも「生きる場」があれば当面なんとかなる。ところが、ここが解体してしまうとどうしようもない。この点でひとつ申し上げておきたいのは、新自由主義が揺らいだだけに、今度は新保守主義というか、これからは市場ではなくてコミュニティだ、家族だという議論が出てきそうな気がしています。親父が家族をしっかりと支えて、皆が愛国心をもてばうまくいくのだと、そんな調子の議論がこれからも増えそうです。

私はそれでは「生きる場」は守れないし、そんな単純な議論は保守主義の名にも値しないように思います。コミュニティとか家族がいかに崩れやすいか、壊れやすいかということを分かったうえで、保守であってほしい。そこの理解がないと結局は「生きる場」が解体していくのを放置することになります。

さっき「惰性としての新自由主義」でも「焼け太り型利益誘導」でもなく、「よい政府」をと言いましたけれども、そのひとつの物差しとして、「溜め」を増やしていく政府、「生きる場」を支える政府というのがあると思います。

ひとつの例を挙げるならば、定額給付金ですね。あれをばらまくことでは「生きる場」は支えられない。でも、二兆円あれば、相当なことができる。低賃金で離職率の高い八〇万人の介護職の給与を数万円あげる費用の一〇年分くらいに相当します。介護システムを安定させ、家族のストレスを軽減すれば、家族のなかで、地域で、人々の結び付きは強まります。

中島　保守については、おっしゃるとおりだと思います。思い出やノスタルジーにすがることが保守ではなく、常に状況のなかで伝統を再定義し、意思をもって引き受ける再帰性こそが、近代保守の重要なポイントです。復古が保守ではありません。この点は、とても重要です。

社会の「溜め」を再構築すべきという点において、社会民主主義と保守主義は共有する部分があるのだろうと思います。このあたりからまともな議論を立ち上げていきたいと、私は思っています。

湯浅　私は現場の活動家なので、政治に何ができるかというよりも、政治に何をやらせられるかということに関心があります。その何をさせられるかということの前提は、私たちが市民としての理想を取り返さないといけないということです。

最近、市民としての理想をあんまり聞かなくなったし、自覚がなくなった。自分の領域を超えた公的なものに関わる意思が薄れてきたのではないかと思います。学者の人も、最近は記者会見などをしなくなりましたよね。若い学者の人たちが、あるいは学者でなくてもいいのですが、何か問題があって、これは黙っていられないと思ったときに、どうやって記者会見をしたらいいかわからなくなっているのではないか。そういうノウハウが消えてきているのではないか。どうやったら集会が開けるのか、どうやったらデモができるのか、そういうことがわからなくなると、それは選択肢としてなくなってしまうわけです。手の届くルートがなくなると、選択肢として認識されなくなる。そうやって、結局は居酒屋でくだをまくしかないとなることが恐ろしい。

　だから「場」をつくらなければならない。声を挙げる方法を継承しつつ、そこで人がつながりあい、居場所となるような「場」が必要です。活動を通じて相互に承認が得られる。「ここにいてもいいんだ」という実感がもてる。これが活動の重要なポイントであり、労働組合や市民活動などが担うべき役割だと思います。

山口　定額給付金は、札幌市だけでも、おそらく二二〇～二三〇億円もの財源です。これを「もっと役に立つ方向に使おう」という市民的大議論、運動を起こすことも考えられますよね。

　もしこのままいけば、国からお金が下りてきて、自治体が配れという話になるわけですが、これは地方自治法でいう自治事務ですね。だから札幌市で独自に条例をつくればいいのです。札幌市は「給付金は個人個人に給付しません」という条例をつくればいい。市民の声を集めて、札幌市が直面している問題に重点的に使う。その条例が国の法律に違反するといわれたら、裁判や国地方係争処理委員会に持ち込んで、条例の正当性について争えばいい。二三〇億円あったら、そのうちの一億を使うだけでもホームレスの問題は解決しますよね。学校の耐震工事、介護の問題や医療の問題も。二三〇億ってすごいお金です。一人ひとりが一万二〇〇〇円もらったって、そんなの何回か飲みに行ったら終わりですよ。

　お金というのは量が質に変化するのです。政治というのは、一人ひとりにとってはたいしたことないようなお金でも、みんなから集めて大きな塊をつくることによって、公共的な財産、公共的なインフラをつくるというものです。そういう意味で、例えば札幌市という自治体で本来の政治を、私たちによってつくっていくチャンスなのだと思います。

宮本　今のお話とも関連しますが、人々はジレンマを抱えているのですね。山口さんと私がやった世論調査の結果なのですが、どういう日本にしていったらいいかというときに、だいたい五八％ぐらいの人たちが「北欧のような福祉社会にしたい」と言うのですが、日本社会に必要な改革は何かというと、行政を信じられないからとりあえず行政改革で支出削減を、となる。それでは北欧からもっと離れてしまうと思うのですが、気持ちは分かる。

この行政に対するジレンマにもう一つのジレンマ、人々の間の連帯の難しさというジレンマが加わります。湯浅さんがおっしゃったような正規と非正規の亀裂が、日本社会のなかに走りはじめているわけですね。

ここで、正規の仕事についている人たちが、自分もこんなに苦しくなっているのだから、周辺の人たちに手を差し伸べる余裕は到底ないと考えるかもしれない。あるいは、そうではなく、少し長いパースペクティブで、正規・非正規どちらの側にいても同じリスクに直面していると考えるかもしれない。そこが根本的な違いを生んでいくと思うのです。

ウィル・ハットンというブレア政権のブレーンだった研究者が、「三〇・三〇・四〇社会」という言葉を使っていました。いまの社会は四〇％の相対的な安定層と、そして三〇％の不安定層、そして三〇％の年金受給者など非活動層がいて、安定層から不安定層へと、毎年一％の人が移行している。これはいまの日本にもだいたい当てはまる。

自治体で、なにか効果的な手が打てれば、人々がこの二つのジレンマ、つまり行政不信のジレンマと連帯の難しさというジレンマを乗り越えていく手がかりになります。

第2部　プレカリアートの乱?*　二一世紀日本の若者と貧困

トークセッション　貧困がもたらす社会の崩壊

雨宮処凛 vs. 中島岳志

お金のかかるホームレス

中島　この不況下での派遣切り問題、労働市場から疎外された人たちの生活について、どう見ていらっしゃいますか?

雨宮　報道されているとおり、製造派遣で契約を途中で切られ、寮も三日で出ていけというかたちで、ほんとうにホームレスになってしまった人が大量に増えているという状況です。

中島　札幌のネットカフェでナイトパックだといくらぐらいですか?

雨宮　一七〇〇円くらいですね。けっこうするんですよ。

中島　少し高いですね。東京ではナイトパック八時間で一五〇〇円ぐらいが普通です。東京都の蒲田に日本でいちばん安いネットカフェがあるのですが、そこは一時間一〇〇円です。八時間いても八〇〇円で、出入りも自由です。今月(二〇〇八年一二月)に入ってから私も行ったのですが、二〇〇もある一帖ほどのブースが満室でした。見た感じ、すぐに家のない人だなとわかる二〇代半ばの人から五〇代ぐらいまでの人たちでいっぱいでしたね。

そのネットカフェのすぐ近くには一二時間一〇〇円のコインロッカーがあります。これも、すごく安い。でも、一二時間一〇〇円のロッカーの延滞料金が八五〇〇円とかになっている。一〇〇円で預けたはいいものの、お金がなくて取りに来られないうちに、すごい金額になってしまって、ほとんどの人はそのまま自分の荷物を回収することができないと思います。

あと、私は初めて見たのですが、ロッカーの隣にある自動販売機では、Tシャツ、パンツ、靴下のセットが三〇〇円で売っていました。家がない人たちをターゲットとしたマーケットが、完全に成立しています。

中島 ホームレスは、お金がかからないと思っている人がいますが、結構、かかりますよね。

雨宮 家のタンスを開けるのにお金はかからないですよね。でも、着替えが入ったロッカーは、開けるたびに一〇〇円、二〇〇円、場合によっては八五〇〇円もかかってしまう。コインランドリーでの洗濯にも銭湯にもお金がかかるし、食事は外食。とにかくお金がかかる。

中島 北海道の場合、冬に外で寝るのはものすごく大変です。札幌にも一〇〇人を超えるホームレスの人がいます。彼らは、夜一二時過ぎになると地下街から締め出されます。その地下街の開くのが朝五時ぐらい。その間四時間半から五時間をどう過ごすのかというのが、差し迫っ

雨宮処凛氏

＊プレカリアス（不安定な）とプロレタリアート（労働者）を組み合わせた造語。不安定な条件で低賃金労働を強いられている若者を指す。

た生存の問題なのです。ある人は死なないように夜通し歩き続けていたり、あるいは寝袋で寝るという人もいるのですが、寝られても二時間以上は無理だというのです。

雨宮　派遣で切られてホームレスになっている人で、いまいちばん多いのは沖縄出身者です。つぎに北海道、東北です。最低賃金の低い都道府県の分布図と、いま本州の大都市圏でホームレスになっていっている人たちの出身地の分布図は、ぴったりと重なります。愛知で「派遣切りホットライン」を行ったときに、相談者の三割が沖縄出身者ということでした。北海道や東北や沖縄に仕事がなく、労働市場からはじかれた人たちが、そのまま東京や埼玉や愛知の大工場に派遣されて、その場で切られている。その場所はまったく知り合いもいない見知らぬ土地で、帰るお金はいっさい支給されない。そういうなかで彼らはお金をもたないままホームレス化してしまう。

中島　ある調査では、関東圏でホームレスになっている人たちの出身地の一位は、北海道でした。つまり北海道は、関東のホームレスの人たちの最大の供給源になっているわけです。北海道で仕事をして暮らせるのであれば、東京でホームレスになることはないでしょう。やはり東京のホームレス問題というのは、わが北海道の問題でもあります。

雨宮　いま出稼ぎフリーターがすごく多い。それに地元が気づいていないことが、問題を複雑化しています。

中島　認識されていないのですね。最近、関東などの派遣先で雇い止めなどにあった人たちが、地元の北海道にも戻ってきているようです。彼らは当面、実家の親の世話になったり、雇用保険の失業給付などで食いつないだりしていますが、いずれそのような資金源も枯れてきます。二〇

○九年の夏以降、彼らが北海道の地で、路上生活に追いやられる可能性が十分にあります。

雨宮　若いときは、まだ日雇いの仕事につきやすかったりするのですが、年をとるとやはり難しくなる。私たちの世代がいまどんどんクビを切られて、住む場所を失っている。これは将来、より深刻なホームレス問題になるはずです。

ロスジェネ世代と秋葉原事件

中島　私たちはロスジェネ世代と言われています。私と雨宮さんは、ひと月も誕生日が変わらない一九七五年生まれですが、この世代は団塊ジュニアで人数も多いうえ、高校を卒業した頃にもう完全にバブルが崩壊していた。不況だ、仕事がない、という状況下で、大量の人間が労働市場に放り出された。二〇歳を迎えた九五年、阪神・淡路大震災、オウム真理教の地下鉄サリン事件、戦後五〇年の村山談話などいろいろあったこの年に、日経連（現・日本経団連）が重要なレポートを出しています。労働者を三つに類型化して考えるべきだという主張です。

雨宮　「長期蓄積能力活用型」、「高度専門能力活用型」、「雇用柔軟型」の三つです。幹部候補生の正社員と、スキルがあって企業を渡り歩くスペシャリストと、雇用の調整弁としての使い捨て型の労働者。クビを切りやすく、都合よく使うことが出来る労働者を増やそう、という提言です。これが九九年の労働者派遣法の改正、さらに二〇〇四年の製造業派遣の解禁につながった。

中島　バブルの崩壊は九一〜九二年だと言われますが、世の中がバブル崩壊を実感しはじめたのは九四〜九五年です。つまり、バブルは終わったけれども、バブリーは続いていたのです。

バブルの象徴のようにいわれる「ジュリアナ東京」の開店は、じつはバブル崩壊後の九一年で、九二〜九三年がピークです。つまり、経済学上のバブルは終わっていたが、そのあと数年間というのは、バブリーな状況を引きずっていた。ジュリアナ東京の閉店が九四年の夏ですが、バブル崩壊が実感として本当にリアルになったのは、この頃だったと思います。このような過程のなか、九五年に切り捨て可能な使い勝手のいい労働者を増やそうという提言が出てきた。

そしていま、再び大不況に陥ったときに、大量に派遣労働者が切られている。バブル崩壊当時も派遣切り問題はありましたが、規模が違った。正社員の首切り問題ばかりに注目が集まり、派遣労働の問題が真剣に議論されなかった。そして、九九年の法改正。教訓を生かせなかった。

雨宮　いま起こっている問題は、生存の問題そのものです。生きる基盤を失ってしまっている。不安も不満も高まっている。

中島　このことで今年(二〇〇八年)一番ショックだったのは秋葉原の通り魔事件でした。事件を起こした加藤容疑者は、静岡県裾野市の自動車工場(トヨタ)で派遣労働者として働いていた。

彼の問題は、労働環境の不安定化が、存在論的な不安とつながっているということです。社会からの承認を得ることが出来ない青年が、派遣という労働環境によって、安定的な人間関係を築く基盤を失い、追い込まれていった。仕事先でもいつも部品のように扱われ、自分が存在する意味や意義を見出すことができなかった。生きる尊厳を奪われ、人からは認めてもらえない。屈辱感ばかりが高揚し、社会に対して刃を向けた。

雨宮　苛酷な状況で屈辱感にまみれながら働いている。徹底的にバカにされて、使い捨てられるような働き方をしている。そういった人の鬱屈《うっくつ》の高まりを感じていたので、いつかこういう事件が起こるのではないかと思っていました。

自動車業界の派遣切りは酷《ひど》い。この事件の前後、トヨタ自動車九州では六〜八月のあいだに八〇〇人の派遣が切られています。加藤君（あえて加藤君といいますが）は、六月末で切られると言われていたのです。派遣切りの第一段階の時期で、あのときに事件を起こしていなかったら、いまごろホームレスになっていたのではないでしょうか。契約も切られて、知り合いのほとんどいない静岡で。青森に帰るお金はないでしょうから。いま進んでいる派遣切りの最先端に居合わせてしまった問題でもあるな、という気がします。

中島　この事件の複雑なところは、たんなる賃金や労働の問題ではなくて、それらが、若い世代のアイデンティティ、尊厳、承認の問題と密接に結びついているところです。

彼は事件の二日前に、犯行で使ったダガーナイフを、福井まで買いに行っています。片道四時間、交通費だけで往復二万五〇〇〇円以上かかります。しかも、この店を訪れるのは、このときが初めてです。彼が買ったナイフは、静岡県内でも充分、手に入るものです。もちろん、彼が馴染みの秋葉原に行けば、もっと多くの種類のナイフから選べたはずです。なのに、彼は東京よりも時間とお金がかかる福井まで、ダガーナイフを買いに行った。

店員の証言では、彼は店に入ると、店内にどのような商品が置いてあるか事前に熟知していたようで、買うナイフをすばやく選んだそうです。この店には初めて来店したのですから、おそらく（というか間違いなく）彼はネットで、このお店の情報を詳細に把握していたのでしょう。そして、これも間違いないと思うのですが、彼が把握していた情報は、商品だけでなく、どのような店員がいるかと言うことにも及んでいたのだろうと思います。

それは、この後の彼の行動を見ればわかります。店のレジにいたのは、親切な女性の店員でした。この店員が、彼から商品を受け取り、その後、こう聞きました。「会員カードはお持ちですか？」。すると、無口だった彼が急に饒舌《じょうぜつ》になります。「いいえ、会員カードはもってないんですよ。今日、静岡から来たんです」。この答えに店員が驚いて、「わざわざ静岡から来られたんですか？」と問い直すと、彼は自分の地元が静岡ではなく、出身は青森であること、青森の冬は雪が多く、雪かきが大変だと、ジェスチャーを交えて話しました。そのときの様子が監視カメラに映し出されて、ニュースなどで流れていましたが、彼の表情はとても楽しそうで、にこやかです。まさか翌々日に、あんな残酷な事件を起こすとは思えないような表情です。

彼はこの後、商品を受け取って店を出ました。しかし、再び店に戻ってきます。そして、今度は手袋を買いました。また、レジで店員と話をして、店を出ます。しかし、まだ、彼は帰りません。もう一度、お店に戻ってきて、店員にタクシーはどこでつかまえればいいかを尋ねました。そして、ようやくお店を出て、タクシーに乗り、家路に着きました。

彼は、事件の前々日、この店員と話をするために、わざわざ福井まで出かけたのだろうと、私は思います。そうでないと、彼が福井まで行った説明がつきません。しかも、家路の途上で、「店員さん、いい人だった」と書き、「人間と話すのって、いいね」と書いている。彼が求めていたのは、人との何気ないコミュニケーションだったのだと思います。

彼は犯行当日、携帯サイトに「秋葉原で人を殺します。車でつっこんで、車が使えなくなったらナイフを使います。みんなさようなら」と書いた四五分後、次のように書いています。「全員一斉送信でメールをくれる。そのメンバーの中にまだ入っていることが、少し嬉しかった」。

こう書いた六時間半後、彼は犯行を起こした。これは、重たい事実だと思います。

つまり、彼が希求していたことは、とにかく誰かとつながりたい、話したい、交流したいということだった。そして、そんな思いをもったとき、彼は静岡から四時間以上かけて、わざわざ福井まで行かなければならなかった。自分の生きている場所では、自分を認めてくれる相手もおらず、関係をもつことすらできない。アイデンティティを得ることなんてできず、疎外感ばかりがつのっていく。そんな状況に、彼が置かれていたということです。

この背景には、彼が派遣労働者で、各地を転々として生活していたという状況がありました。半年ほどで、次々に見知らぬ町で生活していたら、生きる空間で関わる人なんて、職場の同じ派遣労働者以外、存在しない。しかも、いまの日本社会は、地域共同体が崩壊している。また、見知らぬ人を排除しようとする「Social Exclusion」(社会的排除)の傾向が強い。少しでも変わった人がいたら、「危ない人」と見なされ、通報されてしまうような社会です。監視カメラの設置も、各地で進んでいます。社会のなかで孤立し、日本人男性が拠り所としてきた会社からも疎外されている、そんな若い人がいっぱいいる。

雨宮　自分自身も一九〜二四歳のフリーター時代は、ちょっとしたことで、しょっちゅうクビになっていました。バイト先に親しい友人はほとんどいませんでした。人間関係をあえてつくらなかった。そこにアイデンティティを求めてしまうと、クビを切られたときに、世界が終わってしまうからです。大切に思っていた場所から排除されると、生きていく柱がなくなってしまう。

お金もないから本当に行き場がなかった。そして、お金を稼ぐために、別のバイト先に行く。そうすると、どんどん労働条件の悪いところに流れていきますから、競争が激しくなり、潰しあいになります。とにかく末端に行けば行くほど競争、競争、競争で、他人を陥れてでも何とか自分はクビを免れる、そんな状況でした。人間関係もつくれないし、自分が辛くなってしまう。

得られない承認、禁じられた怒り

中島　加藤容疑者を英雄視したり、「よくやった」的な書き込みをする人がネット上に多く、話題になりました。そのような反応が出てくることは、事件が起きたときに予測がつきました。しかし、社会学者の土井隆義さんによると、予想外というか、心が凍りつくような思いをした別のタイプの書き込みが結構ありました。それは、中高生たちのなかに「秋葉原で加藤に殺された人っていいなあ」って書いている人が、ある一定程度いたということです。

これはどういうことかというと、自分はもう死にたくてたまらない、生きづらい。けれども、このまま自殺してしまえば、自分の味方をしてくれている人も悲しむし、みんなから「やっぱりあの子は弱い子だった、情けない子だった」と、死んでまで屈辱を与えられ続ける。

けれども、加藤容疑者に殺された人たちというのは、「あの子はいい子でしたよ、こんな人生を歩んだ」って、肯定的に報道されるというのですね。被害者の家族にとっては辛すぎる現実で、そんな報道で解消される問題ではありませんが、「ああいう事件で私も殺されたら、親も「いい子だった」と世の中に言ってもらえるし、私だって、最後の最後、社会のみんなに認められて死ねる、いいな」と思ってしまう人たちがいるということに、私は衝撃を受けました。

加藤容疑者の場合は、他者に対する暴力につながりましたけれど、この暴力と自殺やリストカットという自分への暴力は、同根のような気がします。家庭内暴力のような、身近な他者に対する暴力も同根だし、赤木智弘さんの「希望は戦争」論にもつながっている気がする。

雨宮　なぜ若者は怒らないのかと、よく言われますよね、年長の人たちに。けれど、自分を含めた若い人たちは、怒っていないのではなく、純度の高い怒りを抱え込んでしまって、それが自分に向かったり家族に向かったりしたのだと思っています。本当は社会構造の問題や政治の問題だったりすることを「自己責任」とか「親の教育が悪い」とかという形で、家庭内に社会の矛盾を凝縮させてきた。だから、怒りが自傷行為や自殺、家庭内暴力とかになって、社会から見えなくされてきた。この怒りが最悪の形で外に向いたのが、秋葉原の事件だと思います。

そうすると、今度は「怒りを抑えろ」という圧力がかかってくる。けれど、怒りを抑えれば抑えるほど、暴発したときの威力は大きい。だから、怒りを健全な形で出していかなければならない。怒ることすらも禁じられているとき、普通に怒れといっても、怒れないのですよね。

最近流行った「ＫＹ」という言葉があります。すごく正当な怒りを表明しても、あの人はおかしいのではないか、空気を読めていないのではないかとか言われてしまう。だから自分を肯定できない人に、上からの目線で「怒れ」といっても無理な話です。ずっと「おまえはダメだ、ダメだ」とか否定されてきた人は、どれほどひどい目にあっても、これは不当だとはなかなか思えない。怒ることすらできないのです。

中島　この怒りは、二〇〇八年に突如起こったものでもないですよね。もう、マグマのようにずっと溜まってきた。例えば、九九年の池袋通り魔事件も同じ問題が背後にあるかもしれない。

雨宮　この事件の犯人も、私たちと同じ七五年生まれですよ。

彼は現在、死刑囚です。九九年、二三歳のときに池袋の東急ハンズの前で無差別に人を刺し、二人殺して、死刑の判決を受けている。彼の場合は一七歳のときに親が多重債務者で夜逃げしました。家がまず借金で住めなくなって、猛勉強して入った地元の進学高校を中退せざるをえなくなった。一七歳で親無し、家無し、学歴は中卒で、いきなりホームレスになっちゃうみたいな状況で、それでずっと非正規の仕事を転々としていました。彼は秋葉原事件の加藤君と同じように家庭問題や派遣の問題、そこから発生するアイデンティティの問題を抱えている。

彼はアメリカ大使館に「日本と戦争してください」と伝えてほしいと文通相手に頼んでいた。だから、九〇年代後半から「希望は戦争」みたいな、こんな社会はむちゃくちゃになってしまえといった思いをもった人が確かにいた。しかし、九〇年代後半には、この問題が若年層の貧困とかワーキングプアの問題とは捉えられなかった。それが理解されるまでに一〇年かかった。「心の闇」系の言論ですまされた。問題の構造が見えなかったのです。

中島　そうですね。九〇年代は、貧困の問題が起きていても、フリーターや派遣は「自由な生き方」みたいなラベリングで問題の構造を隠蔽《いんぺい》してきた。だから、しっかりと構造を見つめる必要がある。「怒り」を暴力に変えないようなあり方が求められている。

その点で、雨宮さんたちが展開しているプレカリアート運動は非常に重要だと思います。私は保守主義者なので、国家と個人の間にしっかりとした中間団体が存在しなければならないと思っています。しかし、この部分がこの国では弱すぎる。社会を鍛える必要がある。

雨宮　しかし、国家権力はこの運動を抑圧しようとする。二〇〇八年夏の洞爺湖サミットの時に札幌でもサウンドデモをやりましたが、逮捕者が出ました。DJの荷台乗車も含め、道路交通法にもとづいて許可を得たにもかかわらず、です。一〇月二六日には、麻生首相のお宅拝見ツアーを渋谷でやろうとしたのですが、ここでも逮捕者が出ました。麻生首相の家を見にいこうと思って道を歩いていたら、それだけで逮捕されたのです。私もその場にいました。

意思を持って、複数の人間で公道を歩いているだけで罪になる。とんでもないことだと思います。貧乏人がおとなしく黙って、「大変です、助けてください」と言っているうちはいいのですが、意思を持って行動し声を挙げると、「お前らは黙っていろ」と抑圧される。

私たちの世代は、物心ついた頃から徹底的に分断されてきたという感じがします。身近な誰かを蹴落とさなければ、生きる条件を確保できない、そういうことをずっと言われてきました。

しかし、そんなことはないのです。そのことを、このプレカリアート運動で示せればと思います。この運動は「無条件の生存の肯定」というのが大きなスローガンです。条件を付けられて生存を肯定されることとか、生きることが競争に勝ち抜いた人へのごほうびみたいなものになっていることとか、そんな状況に異議を唱えています。競争ベースではなく、信頼ベースの人間関係をつくっていくというのが目標です。

中島　信頼ベースの人間関係をつくり、中間団体を強くすることは、本来であれば保守陣営も思想的に共感するはずです。むしろ、保守こそがそういった共同性に注目しなければならない。他者との価値の葛藤に耐えながら、合意形成を進める叡智《えいち》こそ、保守が重要視するものです。

加藤容疑者は、事件の三日前に作業着が見当たらないことにキレて、無断退社した日の夜、こう書いています。「それでも、人が足りないから来いと電話が来る　俺が必要だから、じゃなくて、人が足りないから　誰が行くかよ」「誰でもできる簡単な仕事だよ」。代替可能な、付け替え可能な自己、「あなたじゃなくって誰でもいいんだよ」ということを突きつけられると、人間は存在の根拠を失ってしまう。この圧力が「誰でもよかった」殺人につながっている気がします。

戦後保守をリードした福田恆存《つねあり》は『人間・この劇的なるもの』(新潮文庫)の中で、次のように言っています。「私たちが真に求めているものは自由ではない。私たちが欲するのは、事が起るべくして起っているということだ。そして、そのなかに登場して一定の役割をつとめ、なさねばならぬことをしているという実感だ。なにをしてもよく、なんでもできる状態など、私たちは欲してはいない。ある役を演じなければならず、その役を投げれば、他に支障が生じ、時間が停滞する——ほしいのは、そういう実感だ」。

現在の状況に対しては、保守主義者こそが異議申し立てをしなければならないはずです。私たちの生存の根拠となっている中間共同体を崩壊させている現状を問題視しなければなりません。だから、私はプレカリアート運動に、重要な意味があると思っています。

パネルディスカッション

雨宮処凛、中島岳志、宮本太郎、山口二郎

「これは人災だ」という感覚

山口　世代の問題が出てきました。若いお二人のトークのあとで、一九五八年生まれの五〇のおじさんが二人出てきたわけですが（笑）、最近、「生きづらい社会を政治で変える」ということをテーマにした本（『若者のための政治マニュアル』講談社現代新書）を書きました。これは、雨宮さんのお陰というか影響ですね。

私は、政治学者なので個人の実存の問題そのものを論じることはできませんが、生きづらい社会を変えるために政治をどうすればいいかについては語らなければならないと思っています。まさにいま発言しなかったら、政治学なんてこの世の中に存在する意味がないと思うわけです。

皆さんに考えて欲しいのは、いまの社会の惨状というのは、地震や台風などとはぜんぜん違うということです。やっぱり人災なのです。もっと言ってしまえば、この七～八年たくさんの人が拍手喝采した政治の結末なのですね。

先ほどの議論にも出てきた派遣切りですが、なぜいまごろ騒ぐのでしょうか。そもそも派遣労働の拡大とか労働の規制緩和というのは、不景気のときに簡単にクビを切れるようにするためにやった。だから、いまこそ労働の規制緩和は完結したのです。「成果」が上がっているわけですよ。

私は派遣切りで騒いでいるテレビや新聞などメディアの人に言いたい。経済財政諮問会議や規制改革会議で、例外なき規制緩和の旗を振ったやつを連れてきて「この状況をどう思うんだ」って聞いて欲しい、と。竹中平蔵や宮内義彦、八代尚宏などは「これこそおれたちが目指していた社会なんだ」と言えるのか。

ともかく、これは絶対に人災です。だからまず、「これは人災だ」という感覚を持って世の中を見なければいけない。そこから始めなければいけないと思います。

さきほどのお話で興味深かったのは、ネットカフェの近くには、やはりホームレス用のいろんなものを売る市場ができているということです。たぶん竹中さんだったら、「だから市場メカニズムは優秀なのです」と言うのでしょう。要するに、極限状況で生きている人たちのニーズを満たす、そういうマーケットができる。「だから市場メカニズムに任せておけばいいのです」なんてことを言うかもしれないけれども、やはりめちゃくちゃな話です。人間が人間らしく生きるという基本的な前提を抜きにしたところで、ニーズを満たすということだけ考えていてはいけません。

それから、麻生邸見学ツアーにしても、めちゃくちゃです。私は昔、世界史で勉強した「血の日曜日事件」(一九〇五年)を思い出しました。貧乏人がロシアの皇帝の宮殿へデモをして、鉄砲で撃たれてたくさん死んで、結局、そこから革命が始まりました。一〇月二六日というのは、そういう意味では、いまの新自由主義的な体制が崩壊を開始する記念日になると思います。

私はいまの政治の議論というのは、やはり社会の惨状を直視することから始めるべきだと思います。秋葉原の事件にしてもそうだし、あるいは福岡で発達障害の子どもをもったお母さんがその子を殺してしまったり、あるいは大学に行けなくなった若者が岡山駅で人をホームから突き落として殺したりと、そういう事件が二〇〇八年はたくさん起こりました。これはやはり半分は人災です。社会の側にも大きな責任がある。もちろん被害者はほんとうに気の毒なので、加害者を許せということを言いたいのではないのですが、そういう犯罪が起こる社会の側の問題も考えなければならない。政策的な問題をじっくり考えなければならないと思います。

政治が取り組むべき課題――「生きる場」の確保

宮本　雨宮さんと中島さんは同い年とのことですが、山口さんと私も同い年です。そろってここ五年ぐらいの間は、北の大地で新自由主義が席巻する世間の流れとはおよそずれたことばかり主張していて、南極に置いていかれて遠吠えする『南極物語』のタロ・ジロみたいだとか言われていました(笑)。そうしたら救援の船がやって来たというか、だいぶ世の中の議論の調子が変わってきました。

さて、これまで伺ったお話などをふまえて、少しデータの紹介などもしていきたいと思います。ちょうどここ二カ月間ぐらいに、OECD(経済協力開発機構)から興味深い報告書の発表がありました。ひとつは二〇〇八年一〇月二一日に発表された『格差の拡大か？』です。それから一二月に出たばかりの『ジョブ・フォー・ユース・ジャパン』です。

『格差の拡大か？』によると、相対的貧困率(所得中位の半分以下しか所得のない人たちの割合)が、日本はいまや一四・九％になってしまい、先進国のなかでは、貧困大国アメリカに続いて二番目で、韓国やアイルランドよりも上です。絶対的な貧困というものさしで見ても、所得にあわせて一〇のグループに分けたとき、もっとも所得が低いグループは、購買力平価に直して年収六〇〇〇ドルぐらいです。メキシコやトルコなども全部合わせた平均が七〇〇〇ドルですので、それを下回っているのです。

また、『ジョブ・フォー・ユース・ジャパン』によると、二〇〇二年に九・九％であった若年層の失業率が、二〇〇七年には六・六％まできている。そのなかで長期的失業、つまり一二カ月以上ずっと仕事を探しているのだけれど、仕事が見つけられない人の割合が、約一〇年前、九〇年代の半ばは一〇％前後であったのが二〇〇七年には二一％にまでなっているのですね。さらに言うならば、高齢者の世帯では若干貧困率が低下しているなかで、一八〜二五歳のグループで、貧困率はかなりの勢いで増大をしてきています。

日本の社会保障や福祉は、現役世代は会社が面倒を見てくれ、介護や育児は家族ががんばる、要するにお母さんががんばる、という仕来《しき》たりでやってきた。それゆえ、狭義の社会保障や福祉は、会社と家族が息切れしてしまう人生後半に集中してきた。ところが若い世代で貧困率の増大が起きている。自己責任でがんばれと言われても、例えば若者たちに職業訓練を提供する積極的労働市場政策の支出がいかに低かったかということを、この報告書は示しています。

こうしたなかで政治に何ができているかというと、先ほど山口さんのお話にもあったように、リーマン・ショック後、いわゆる新自由主義的な考え方は、その正当性を失ってきているわけです。しかし、(これは先のパネルディスカッションでも申し上げたことですが)、惰性として続いている。また、この期に及んで、「派遣労働者はそのような働き方を望んでいる」とか「規制を緩和して困るのは派遣労働者」といった主張も聞こえます。

それではどうするか。まず北欧の国々などを見るならば、何から何までいいとは言わないのだけれども、「大きな政府」でありつつ財政は全部黒字で、格差は抑制しているし、成長率も高い。こうした事実が、金融危機後ようやくメディアなどでも注目されてきたように思います。

もちろん「大きな政府」がすべていいということではないのです。同じ「大きな政府」でも、大陸ヨーロッパの国々のように、政府のお金の使い方が現金給付中心で、人々が弱ってしまった後に、事後的に、公的扶助や失業手当を提供していくというやり方だと、どうしてもみんなを元気にすることができない。そしてお金はどんどん出て行って、財政赤字、経済成長は鈍化する。

でも、同じ「大きな政府」でも、北欧のように、現金給付よりも公共サービス、例えば住む場所を提供したり、みんなに技能や知識を提供したり、女性が働きやすくしていくといったことをきちっとやっているところはうまくいっているのですね。ところが日本では、ばらまき型利益誘導と惰性としての新自由主義のカップリングがダラダラと続いている。

政治が取り組むべき課題としてもう一つあげたいのは「生きる場」の確保という問題です。さきほど中島さんは秋葉原の事件に言及していました。

この問題に関連して二つの発言に注目したい。ひとつは、秋葉原の事件に先立つこと約五カ月、二月の加藤容疑者の書き込みですが、こういうふうに書いています。「負け組は生まれながらにして負け組なのです。それに気がつきましょう。そして受け入れましょう」と。

それに対して、約三〇年前のイギリスのハマータウンという工業都市で、基本的に進学を前提にしないモダンスクールと呼ばれた中学校を卒業する若者たちが、進学してエリートを目指す同世代をしりめに何を考えているかを聞き取りしたルポルタージュ『ハマータウンの野郎ども』（ポール・ウィリス著、ちくま学芸文庫）という本のなかの発言。「あいつら、数学や理科や国語では頭がいいよ。そりゃ認めるね。でも生き方についちゃ、まるでパーだよ。おれから見りゃ、負け犬だな」というのです。

要するに、「ハマータウンの野郎ども」は経済的には恵まれていないのだけれども、生きる場とでもいうべきものがあったのですね。お互いを認め合う言説があった。それに対して、おそらく数学でも理科でも国語でも、この「ハマータウンの野郎ども」よりはよっぽどできていたはずの加藤容疑者の孤独というのは、いったい何なのか。

これまでの福祉国家というのは、ある程度まで、人々の自然なまとまり、家族でもコミュニティでも階級でも、そういうものを前提にすることができたのですね。それがばらけてしまっている段階で、政治には新たに考えなければならないことが出てきている。

中島　いま『ハマータウンの野郎ども』の話が出てきましたが、この本の結末は、「ならず者」としてのアイデンティティを持ちながらも、最終的には資本主義社会のなかに呑み込まれ、労働の歯車として構造的に組み込まれてしまうという悲劇ですよね。しかし、いまの日本の状況はそれ以上に悪くて、「ハマータウンの野郎ども」がもっていたような居場所すら奪われ、アイデンティティを失い、信頼ベースの関係性までも喪失している。そして大きな搾取の構造のなかに呑み込まれているというダブルパンチが押し寄せているのだろうと思うのです。

雨宮　「派遣切り」に関して「こんなに大変で、かわいそうです」みたいな感じの報道が多い。このような報道には違和感があります。「自分はめちゃくちゃ劣悪な労働だけど、まだこの人たちよりマシだから耐えよう」みたいな反応がワーキングプア系の人に多く見られるようになり、それが逆に規範化されて「あいつらに比べたら恵まれているんだから、がんばれ」という説教に転化されている。人災を起こした人たちが、感傷的な派遣切り報道をテコにして、正規雇用者やワーキングプアの人、首がつながっている派遣の人たちに劣悪な労働環境を認めさせている。

「希望は戦争」は何を問うたのか

中島　これまた一九七五年生まれのフリーター、赤木智弘さんが書いた「「丸山眞男」をひっぱたきたい　三一歳フリーター。希望は、戦争。」という論考で、彼は「希望は戦争だ」と言いました。彼は当時、三一歳のフリーターで、栃木県のコンビニでバイトをしていました。親元で生活するものの、できれば親元を離れて一人暮らしをしたい。そして自分のやりたいことをやってみたい。しかし、ずっとコンビニで働いても月収が一〇万円ちょっとしかない。そんな状態では東京に出て一人暮らしをすることなどできないわけです。

彼は「親の死に目が自分の死に目だ」と言います。結局のところ、親が亡くなったら、自分が生きていく術がない。しかし、現実には親ともあまり折り合いがうまくいかない。けれど、親に依存しなければ生きていく基盤が崩壊する。そんな鬱屈のなかで彼が言うのは、「戦争こそが、残された希望」だということです。

いまの世の中、どうやっても、三〇代になったフリーターは、一発逆転なんてできないし、再チャレンジだといわれても、そんな博打みたいなものにかける気にはなれない。自分たちが正社員になることはもう無理だろうし、不況になれば真っ先にクビを切られる。だとすれば、固定化した構造を流動化させるためには、もう戦争しかない。上の層に近づくという形での平等が不可能なのであれば、自分は上の層が落ちてくるネガティブな平等こそが実現して欲しい。戦争になれば、これまでの前提がチャラになる。既得権益が崩れる。そして、戦死したら追悼施設に祀ってもらえる。国家が承認を与えてくれる。現実で生きていたって、邪魔者扱いされ、福祉の恩恵を受けようものなら白い目で見られる。みんな「早く自殺でもしないかな」という目で見る。だったら、こんな世の中で屈辱を浴び続けて生きるよりも、戦争になってくれたほうが望ましい――。おおよそ、このような趣旨の文章を赤木さんは書きました。

山口　私が最近出した『若者のための政治マニュアル』を書いた動機のひとつは、やはり赤木さんの問題提起でした。とくに護憲派とか左派といわれる人たちが言ってきた戦後日本の平和というものの中身が、いまもうスカスカになってしまった。むしろ秋葉原の事件などが示すように、局所的にはもう戦場があらわれているわけですよね。そのことをきちっと直視せよというメッセージだと私は受け止めました。

私みたいに戦後民主主義の空気を吸って育った人間は、やっぱり戦後民主主義を守りたいと思うのですが、一方でこの問題提起に正面から応えなければいけない。そうすると、三〇代、二〇代の人たちも含めて、みんなが人間らしい生活ができるような社会をもう一回取り戻さなければ、やはり日本は平和ではないと言わなければならないだろうと思います。戦争に憧れる人間、若者たちに対して「おまえ、それまちがっているぞ」と説教してもしようがない。具体的な生きる条件をもう一回ちゃんと整えていかないと、若い人たちがそういう自暴自棄な発言をすることも止めることはできない。そういう意味で、私たちの世代がもっと責任を感じなければいけないと思います。

それからもうひとつは、私は赤木さんのあの議論を読んで、小泉旋風のときに、なんで二〇代の投票率がワーッと上がって、しかもそれが自民党に行ったのかがよくわかりました。つまり、いまの世の中の様々なサービスとか福祉の仕組みが、宮本さんのご指摘のとおり、やはり圧倒的に上の世代に偏っていて、しかも、それが若い世代からみれば既得権みたいに映ってしまう。そこのところをもう一回見直して、みんながちゃんと公平に恩恵を受けられるような仕組みをつくり直していくということが重要だと考えています。

宮本　私が赤木さんの一連の発言のなかでもうひとつ注目したいのは、赤木さんが、長期的雇用慣行に守られている一部の正社員の特権を剝奪しろという主張、かつての経済財政諮問会議のような議論に共鳴していることです。

念のために申し上げておくならば、いまの状況は、正社員になってどこかの会社にもぐり込めば、ぬくぬくと安定しているのかというと、そんなことはまったくない。いま大企業のなかで、精神的なストレスが非常に深刻な状況になっている。社会経済生産性本部の調査では、うつなどで一カ月以上休職している社員がいると答えた企業は、二〇〇二年に五八%だったのですが、二〇〇六年には七四%になっているのですね。これまでは、がんばれば会社は報いてくれたのだけれども、いまは「がんばらないと放り出される」というプレッシャーのなかにある。

非正規・派遣の人々と正社員の関係をどう考えていくのかというのは大問題です。まず、正規の社員は、やはりそのなかで自分たちの力を伸ばしていく条件を確保している場合が多い。ここはたしかにメリットですね。正規・非正規の格差にどう対処していくのか。よく出てくる処方箋として、同一労働・同一賃金だとか、均衡処遇という話があって、赤木さんのような立場もこれを支持する。でも、これですぐに二重構造が解消するのかというと、解消しないですよね。一方に、力量を伸ばしていく条件を確保している人たちがいて、他方に、そういう条件がないままの人がいることがもっと大きな問題としてある。

いまの日本社会のなかで、一度そういう不安定な雇用条件を甘受するかたちで働きはじめた人は、もうそのバスから降りられない。エスピン・アンデルセンという政治社会学者の比喩を借りると、バスにカギがかかってしまって、最後の最後まで行かなければいけない。一度そうしたバスに乗ったら降りられないという構造を根本的に是正する必要がある。ただしそれは規制緩和ではできないことなのです。

例えば、多くの北欧の若者たちは、高校を卒業したらいったん働き始める。どうしてかというと、働いてみないと自分に合った仕事がわからないし、自分に合った仕事がわからなければ、そのための学問ツールを学ぶ大学も選べないからです。

日本では、その段階で、正規か非正規かという道が分かれてしまう。働き始めると、もうそこで決まってしまう傾向がある。しかし大事なのは、一度そういうかたちで働き始めたあと、「自分に向いている仕事というのはこれなんだ」とわかってきたときに教育を改めて受けられることです。先ほど申し上げた、みんながダウンする前に公共サービスを提供している社会というのは、このような時に支えてくれる社会なのですね。生涯教育や職業訓練の手厚さです。

こういう条件が確保できているならば、いったんそうした非正規の不安定な仕事で働き始めて、それでだいたい見通しをつけて、こんどはそこを抜け出て、トレーニングを受けたり、あるいは勉強し直したりして、もうちょっと安定度の高い仕事に就くことができる。私はこれを「交差点型社会」といっているのですが、こうした「交差点型社会」でないと、正規・非正規の二重構造のジレンマは、なかなか突破できないのだろうと思います。

中島　私が注目したいのは、赤木さんの、秋葉原の事件に対するコメントです。彼はこう言いました。「渋谷でやればよかったというような意見があるが、むしろ巣鴨でこれまでこんな社会を作り上げた人をまきこんだほうがよかったと言うべきだろう」。つまり、こんな社会をつくってきたうえ、さらに既得権益を手放さない老人たちこそが、自分たちの「敵」だということです。

問題は、赤木さんの主張が新自由主義者の既得権益批判と協調してしまうことです。彼の批判は、構造改革を推し進めた政治家や財界に向かわず、身近に存在する老人世代や正規雇用の左派、既存の労働組合などに向いていきます。自分の置かれた境遇に対する屈辱感が、身近なところに敵を見出していく構造は、非正規雇用と正規雇用の対立と同根の問題でしょう。これが秋葉原の事件が巣鴨でおきたほうがよかったという主張になり、「戦争」という暴力とつながるのは、やはり問題があります。

彼が展開する既存の左翼に対する批判には、一定の意味があると思いますし、私も共感するところがあります。しかし、この批判が反転して、新自由主義者の言説を補完することになっては、本末転倒と言わざるを得ない。

ナショナリズムという難問

雨宮　私は一〇年前、フリーターだった二年間、右翼団体に入っていました。その右翼団体に入ってくる人は、やはり中卒や高卒のフリーターの人が多かった。

働いている現場にはアジアの労働者の人たちが多く、実際私も飲食店で働いているときに、日本人は時給が高いから、時給の安い韓国人と交換したいということをいわれて動揺した。そんな不安や不満が、たぶん九〇年代から、一部の底辺の若者に広がり始めたのだと思います。

そういうことと、自分が右翼団体に入っていたことは、すごく関係があると思います。つまり、他者に対する敵意とか排他的な感覚は、自分が抱いた不満や屈辱感といったところから出てきたものです。この部分を社会的に解消していかなければ、暴力的な発言や行為が噴出し続けるでしょう。

近年は、私が右翼団体に入った頃よりも、さらに若年層の外国人労働者化が進んでいますよね。そこで「日本人のおれたちの仕事を奪う中国人や韓国人」みたいな言い方をするネット右翼の人たちもすごくたくさんいて、そういう人の話を聞くと、工場で仕事を奪い合っているという感覚が共有されています。やっぱり、最低賃金競争をしているという実感が伝わってきます。

例えば、日雇い派遣のお弁当の工場なんかだと、現場は日本人とラテンアメリカの人と中国の人で、壁の注意書きがスペイン語とか中国語だったりします。そういう現場で九〇年代以降、一部の若者が働き始めるようになって、自分が「日本人である」ということしかアイデンティティの拠り所がなくなり、外国人労働者と自分を差別化できないという現象が生まれています。ここでは、現実の過酷な労働環境と排他的なナショナリズムが連結するという現象が起こっています。

最近では、もっと事態は進んでいて、日本のフリーターが外国人労働者として外国に派遣されているという実態があります。例えば、中国やタイにフリーターが、コールセンターの仕事で派遣されたりしています。時給は三〇〇円。いままでコールセンターは沖縄にたくさんありました。沖縄は最低賃金が最も低い地域の一つなので、沖縄に集中していたわけですが、これが中国やインド、タイに移転し、そこに非正規雇用の行き場のない日本人が派遣されています。彼らは「海外で働く」とか「中国語が勉強できる」といった謳い文句につられるのですが、渡航費はすべて自腹。月収は五万円ぐらい。これでは生活できない。私はこの前、実際に中国で派遣として働いてきた人に取材してきたのですが、働けば働くほど借金が増えるというシステムが出来上がってしまっている。海外ですらも使い捨てられている。

中島　ナショナリズムと言うと、「右だ」という反応が出てきますが、私はそんな簡単な問題ではないと思っています。政治学的にナショナリズムを捉えたとき、その初発の形態はどのようなものだったかと言うと、例えばフランス革命を考えればわかるように、国民主権という概念とペアのものであることがわかります。フランス革命は、絶対王政を倒して「国家は国民のもの」という主張を政治的に実現した。フランス革命によって「国民国家」ができたわけですが、これはある領域に住んでいる住民は平等な主権者であることを前提とする国家です。つまり、ナショナリズムの原初形態は「平等な主権者」という概念が中心を占めるものでした。

アジア・アフリカの独立運動なども、このようなナショナリズム運動だったわけです。主権をヨーロッパ諸国の植民地支配によって奪われたことへの反発と闘争が、ナショナリズム運動として盛り上がった。

戦後を代表する政治学者でリベラルな論客だった丸山眞男は「ナショナリズムの処女性」という言葉を使って、その原初的な意義を強調しました。また竹内好は六〇年安保闘争のときに「主権や抵抗の主体が日本に定着するためには、ナショナリズムこそが重要だ」という主張を展開しました。小熊英二さんが『民主と愛国』（新曜社）で端的に指摘しているように、戦後二〇年間ほどの日本の革新勢力は、ナショナリズムの重要性を説いていました。最近でもユルゲン・ハーバーマスは「憲法パトリオティズム」という主張を展開し、「普遍原理が根付くためには、常に特定のアイデンティティを必要とする」と論じています。

つまり、ナショナリズムは歴史的に「左派」の主張の中核を占めてきた部分があるということです。ナショナリズムには、内に対する同一化と外に対する差異化という力学がどうしても働きます。この部分は、ナショナリズムの最大の問題点です。この力学を、政治指導者が利用すると、極めて危ない。現に小泉さんは、現実の不平等の拡大を進めながら、ナショナリズムによって「幻想の平等性」を国民に付与しようとしました。彼の政治は、構造改革の推進と共に、東アジアの近隣諸国に対する敵対的姿勢を示すことによって、ナショナリズムを煽り、自己の政治的支持へと回収していったわけです。大衆の排他的熱狂と結びつきやすい。これはナショナリズムの負の側面です。

しかし一方で、ナショナリズムが国民主権という概念を支えてきたことも、フェアに見つめなければなりません。国民間の信頼をもとに、政府は税の徴収とその再分配を行うわけで、ナショナリズムが崩壊してしまえば、福祉国家のようなものはなりたたない。不況からの脱出を目指し、国の経済政策がうまくいくためには、国民と国家のあいだ、そして国民間の信頼関係が重要になります。「自分だけよければいい」ということでは貧困問題は解決しない。セーフティーネットを整える中枢に国家があり、貧困をなんとか富の再分配によって政治的に解決しようとするなら、どうしてもナショナリズムという問題が出てこざるを得ないと思います。

そして、ナショナリズムが健全に機能するためには、様々な中間組織が機能していなければならない。地域共同体や労働組合、サークルなど、国家と個人のあいだに存在する領域において、顔を付き合わせる人間関係や社交がしっかりと成立していなければ、ナショナリズムは無根のものとなり、暴走しやすい。

山口　ナショナリズムは非常に難しい問題です。

私自身は新自由主義的な路線に対抗するときに、理念としては平等の回復ということを強調するわけです。でも、具体的に平等を考えると、社会には金持ちと貧乏人、男と女、高齢者と若者など、様々な亀裂があるわけで、それを平等にする仕組みをつくるのは、なかなか難しい。私自身は、地域間の平等という話とナショナリズムを接続することで、新自由主義的な改革路線に対する防波堤をつくることを考えてきました。つまり、同じ日本なのだから、北海道から沖縄までやっぱり学校はちゃんとなければいけないし、病気になったら病院に行けるようにしなければならないといったように、ナショナルミニマムというか、最低限の生きる条件の平等を確保していくというのがひとつの戦略です。小泉時代は地方分権というスローガンの下で、それをズタズタに壊してしまった。医療崩壊など、いろんな問題がまさに人為的に進められていったわけですね。

ですから、ナショナリズムというものが排外的なもの、あるいは暴力的なものと結びついて、より少数者や弱者を排斥していく方向に行かないために、みんなが生きている場、地域、コミュニティなど、そういうところに錨を下ろすナショナリズムが重要だろうと思います。地域的な平等を確保しようと思えば、やはり東京など大都市圏で集まった税金を、北海道や沖縄に再分配するということが当然必要になるし、その再分配を正当化する理屈は、ナショナリズム以外になかなか立てにくい。

一方で、石原慎太郎みたいな人が出てくると、あの人は「ナショナリストだ」と自称しているのに、田舎のことをバカにしていて、東京の金は東京で使おうなんて非常に身勝手なことを言っている。そういう意味ではナショナリストでも何でもない、たんなるエゴイストです。そういうものに対抗するために、北海道から沖縄まで日本に住む人間はみんなミニマムな条件を共有すべきなのだというナショナリズムが重要だと思います。

それからもうひとつ、私は最近、中島君の影響を受けて、けっこう保守思想を再評価しているのですが、人間の所与性、自分で選べないものというのが、やはり世の中にはいっぱいありますよね。

生まれる場所というのは、その所与性の最たるものです。

私自身も北海道をあちこち回って、地域でいろんな人と話をしていて、生まれ育ったこの場所で歯を食いしばってがんばろうとしている人たちを見ると、やはり頭が下がる。この人たちが人間らしい暮らしができるような政策をちゃんと続けることは、やはり必要だといま改めて強く思うのです。要するに、「仕事がなければ都会に出てこい」みたいな議論は、一回きちっと否定することが必要だと思います。

宮本　大枠では山口さんのお話と重なるのですが、私は二つのナショナリズムがあると思います。

ひとつは、幸福でない心の隙間を埋めるナショナリズム。これはマッチポンプ型のナショナリズムといってもいいのかもしれません。例えば、小泉改革などが地域のコミュニティを解体してしまい、その後で人々を上からのナショナリズムで掬い上げていく。さっきの山口さんの言い方でいえば錨を下ろさないナショナリズムですから、どこに行くかわからない。内なる敵を求める。

これに対して、「福祉国家パトリオティズム」とでもいうべきものもあり得る。「パトリオティズム」というのは「ナショナリズム」と重なりますが、もうちょっと具体的な、風土とか制度とかいったようなものと深く結びついた感情と考えていいのかもしれません。

これは上からのナショナリズムと違って、ある幸福な経験、人との確実な結びつきに錨を下ろしたナショナリズム、私たちが北欧などで観察するナショナリズムなのですね。みんなが助け合う制度があって、そこでいい記憶、経験が蓄積されていく、人との結びつきに手応えをみんなが持っている、その延長でこの形を守ろうよ、という気持ちが膨らんでいくことについては、何の異存もないのです。

心の隙間を満たすためのナショナリズムというのは、過去の歴史で誤りをおかすことがなかったとか、立派な君主を抱いてきたとか、なんだか強引な解釈や物語で埋めていかなければいけないんですね。これに対して、良い制度に起因する幸福な経験というのは、ある程度まで客観的に確認できることですよね。しかもある国民の物語で閉じないで、開いていくことができる。おそらく北欧の国々がODA（政府開発援助）などにとりわけ一生懸命であるということも、こうした開かれたナショナリズムのなせるわざなのだと思います。

連帯の基盤となるものは何か

中島　労働問題で活動に参加できるような人はいいけれども、部屋に引きこもっていたり、社会性がどうしてももてない人間は、そのような運動にアクセスすることすらできないのではないか、結局、一部の人間の承認獲得にしかならないのではないか。このような問題もあります。

雨宮　生存の問題を考えるという点で、具体的につながっている部分はあります。「労働／生存組合」は居場所としても機能します。相談に来る人、相談の内容は、本当に様々です。だからこそ、住宅、医療、福祉、多重債務……いろんな情報が集まりやすい。障害者団体などとの連携も進んでいます。それぞれの人に合わせて、的確な対応ができる先を紹介できる。

「自分はいま引きこもっているけれども、親ももう年金暮らしだし、親が死んでしまったらたぶん餓死するので、そのときはぜひお世話になりたい」といった相談もきます。「ほんとに元気になった」「これで生きていける」と言ってくれた人もいました。引きこもりの餓死は本当に起きている。そんな時、組合は生存のための情報が集約される場として使えるはずです。

宮本　連帯がだんだん難しくなっているというのは事実だと思うのです。人の結びつきが連帯の基本ですが、階層とか階級、正規と非正規という区分、それからジェンダーという区分、それから外国人と日本人という区分、このいろいろな人間の区分、グループが、日本社会のなかで非常に複雑に複合化しています。

一九九九年に労働者派遣法の改正があった。これはネガティブ・リストに挙げられた職種以外の派遣を原則自由化した。この九九年というのは日本の男女平等、ジェンダー平等の制度がすごく進展した年なのです。男女共同参画社会基本法ができたし、雇用機会均等法も大幅に改正されて、これまでは努力目標だったことが、例えば、採用や昇進の平等というのが、ペナルティー付きで実質化したのですね。

正規・非正規の格差が激しくなっているところに、男女の平等が法的・形式的に進んだことで、若い男性の一部には、「ジェンダー平等」なんていう妙なことが進んだから自分は厳しい状況に追いやられた、などと解釈する条件ができてしまったわけです。

ではそれでほんとうに女性はハッピーになったかというと、制度的なジェンダー平等の成果を享受している女性は一部であって、橋木俊詔さんが「女・女格差」と言っていますが、それこそ「いい男でも見つけないと食べていけないわよ」という状況は広く残っている。さらに、今年は経済連携協定(EPA)によるケア開国の年ですね。インドネシアから二〇〇人ぐらいの介護労働者がやってきて、フィリピンでも協定が上院を通過しました。外国人ケア労働者は、いまは介護の現場に入っていますけれども、これからもっと規制が緩和されていくと、一部の「勝ち組カップル」の家事やケアを引き受けるということになるかもしれない。そういう人たちの保育、介護のサービスにもとづいて、日本の「女・女格差」のなかで一部の女性ががんばることになる。

そうなってくると、男と女、日本人と外国人、所得の上層と下層、これが複雑に絡んでしまって、例えば派遣の現場にいる若い男性は、女も敵だし、外国人も敵だし、連帯どころではないということになりかねない。

こうしたなかで、どういうふうに連帯をつくっていくのか。下から自然に広がっていく部分もたしかにあると思います。一晩、外国人労働者と宿直の仕事を一緒にやって、「なんだ、いいやつじゃないか」となっていくこともあると思いますが、それだけでは絶対に連帯は広がらない。複雑な関係にある人たちが、どういう制度の枠組みのなかで、みんなちゃんと自分の取り分を正当に得ることができるのかという、そういうフレームが出てこないと、連帯というのは定着しないのですよね。だから、いまだれがどういうフレームを出せるのか、そこで連帯は決まってくるだろうなと思います。

山口　組織というものをサラ地からつくるのは、とても難しい。批評家の柄谷行人さんを講演会にお招きしてお話をしたときに、彼は「部分社会」という言葉をとても重要視していました。「部分社会」とは要するに、労働組合とか商工会とか農協のような中間的な組織・団体なのですね。これを壊したことが、日本の民主主義を悪くしているということをおっしゃった。

考えてみれば、労働組合も組織率は下がる、土建屋さんの業界もいまはガタガタ、部落解放同盟もぜんぜん元気がないとか、そういう話があちこちから聞こえてくる。だけど、連帯というときには、やはりサラ地から組織をつくるのは難しいので、いまある組織がちょっとがんばって、従来の垣根を超えて、新しい人を引っぱり込んで組織を大きくしていくというようなところに、まずは可能性を見出したいですよね。

だから、連合でも高木会長が一生懸命がんばっているのはとてもいいことなので、労働組合も働く人間のために一緒に闘うんだという原点に戻っていくことが重要です。そうすると、正規労働者の既得権集団だなんていう批判を自分でハネ返すことになるわけですよ。あと、部落解放同盟だって、人権擁護のスペシャリスト集団として、いままで培ったいろいろなノウハウを活かして、権利保護の闘いを指南してくれればいいのです。そういったことを私は提案したいですね。

貧困、運動――かつていま、何が違うのか

中島　既存の団体と、プレカリアート運動などの新しい組織・運動の関係について、現場で見ていてどう感じますか？

雨宮　既存の労働組合のおじさんなどが、フリーターに「いつまでもふらふらフリーターなんかしてないで」なんて説教することがありますね。問題の構造を理解せず、旧来の枠組みを押し付けてくるケースは多いですね。あと、作法がちょっと違う。既存の組合の飲み会では三〇〇〇円くらいとられるとか(笑)。フリーターが三〇〇〇円も取られたら、一週間ぐらい食べられない状況になります。そのあたりのリアリティがないというか、

想像力がない。インディーズ系労組の飲み会は、ほとんど公園です、冬はきついですけれども（笑）。カンパ制にして、お金はある人だけが出す。ない人はただで参加していい。瑣末《さまつ》な問題に見えますが、とっても重要なところです。

中島　かつての貧困といまの貧困の違いは何か、ということも重要な問いです。

宮本　貧困といった場合、生命と身体の維持にかかわる絶対的貧困みたいなイメージが強いのかもしれませんが、その後、政治学や社会学のなかでは、参加が拒まれているとか、能力を伸ばしていく機会が奪われているとかいったようなことに注目して、貧困を組み換える議論が起きてきたわけですね。その延長で、いまはヨーロッパ発の、社会的排除・包摂という構図で考えていく見方が、だんだん強くなってきている。社会的排除とは、今日のお話の流れで言えば、「居場所」「生きる場」が奪われてしまうという問題です。

絶対的貧困の脅威が消えたわけではまったくないけれど、逆にいえば、排除された状況というのは食べるものがないよりマシかというとそんなことはない。ここを総合的に考えていくことが大事なのです。

ただ排除・包摂という議論のひとつの落とし穴は、包摂とは何かと考えたとき、みんな職に就ければその排除は終わったということになりがちな点です。働けども働けども楽にならないというかたちで今度は労働市場のなかでの排除がある。包摂の場をまともにしていくような努力が必要になっていく。それは最低賃金の問題であり、あるいは働く環境そのものの改善の問題である。また働く場だけが包摂の場なのか、地域社会での活動などをもっと評価できないかといった議論もあります。

中島　一九七三年に『自動車絶望工場』（講談社文庫）を書かれた鎌田慧さんが、こういうお話をしているのをどこかで読んだことがあります。いまの派遣労働の人たち、ネットカフェで寝ているような人たちと、当時のトヨタの劣悪な環境で働いていた人たちと、どっちが辛いかというと、たぶんいまのほうだろうと彼は言っていました。

なぜか。昔の季節労働者たちは、たしかに肉体的にも精神的にも非常に辛い状況で働いていた。しかし、帰る家や故郷があったんですね。自分がこれだけ辛い思いをしてボロボロになっても、この金で自分の家族が食っていけるとか、子どもにランドセルを買ってやれるとか、いろんな自分を支えているアイデンティティの根拠みたいなものがあった。

しかし、いまネットカフェで寝泊まりをして、派遣労働で働いている人たちは、こういう関係性やアイデンティティの根拠が失われているわけですね。毎日、労働現場に行っても、ぜんぜん知らない人たちがいて、それが毎日つづく。明日の仕事が携帯に入るかどうか常に不安ななか、ネットカフェで孤立した状態で寝泊まりしているのです。つまり、最低限の関係性すらも欠いてしまった社会的排除の状況が貧困問題の中で生まれている。やはり社会的包摂という問題を、それぞれの生きている社会の中で考え、行動しなければ、問題解決の展望は開けないのではないかと思います。

現状をどう突破していくのか

山口　この種の議論をしていると、「具体的に何をすればいいんですか」と、よく聞かれます。まず、前提として申し上げたいのは、万能薬、特効薬というものはありえないということです。そういうものはだいたいインチキです。つい数年前は竹中平蔵が規制緩和、自由な市場、民営化は万能薬だといっていたけれど、あれは嘘でした。社会主義もやはり嘘だったわけですよね。世の中は、それほどいっぺんには変わらない。

総選挙が近づいていますが、いままでの政治家の語った言葉をきちっと思い出して、投票に行くことです。そのときもやっぱり「この人がいちばんいい」というよりも、「これが、まあ、よりマシか」みたいな、そういう発想で選択をしないと、すぐ幻滅してしまいます。幻滅すると、政治に背を向けることになり、そうすると政治はまた悪くなる一方です。よりマシなものを選んで、幻滅をしないで気長に付き合っていく、そういう態度がやはり必要だと思います。

そして、ともかくみんながもうちょっと税金を払って、政策をもっと拡げていくということが必要です。「自分と関係ない人のために金を払うのは嫌だ」というのはわかるのだけれども、それでは公的な政策は成り立たないし、いずれ自分に跳ね返ってきます。これからは自分のために税金を払う心積もりも含めて、具体的にいえば社会保障や地方交付税など、みんなを支える政策の土台をつくり直していくということを考えるべきだと思います。

宮本　いろんな分野で、様々な副作用もあれば効用もある薬があり、どういうふうに組み合わせていくのか、副作用をどういうふうに計算し、抑えていくのか、薬に頼るだけではなく、体力づくりにも励む、そのあたりをどうこなしていくのか、考えなければいけません。

また、若者がスムーズに社会に入っていくということが、いかに大変なことなのかもわかってきた。強い親父のもとですくすく育てば、みんな立派な日本人になるなんて考えているのは、一部の保守政治家だけです。家族やコミュニティを大切に考えたことがある人であれば、家族が維持され、そのなかで若者が巣立っていくということが、いかに大ごとなのかということがわかるはずです。

だから、まったく新しい発想の政策が各国でもいろいろと提起されています。イギリスでは労働党政権の下で「ベビーボンド」という制度が導入された。子どもが生まれると政府から手紙が届いて、銀行口座を開きなさいといわれるのです。そして口座を開くと、政府から自動的に二五〇ポンド（低所得層は五〇〇ポンド）振り込まれる。七歳になったときにまた振り込まれる。家族や親戚がお金を振り込んでも一二〇〇ポンドまでは税金がからない。ただし、ご当人は一八歳になるまでその口座を開けちゃいけない。一八歳になって、もし一定の額が溜まっているのだったら、それで小規模なビジネスを始めたり自由にやりなさいという趣旨です。

アメリカではブルース・アッカーマンという憲法学者が、すべてのアメリカ人に二一歳になったときに八万ドルを給付して、自立を支援するという議論をしています。成功した人は、後でそれを全部返しなさいということです。このアッカーマンの議論に影響されたのがイギリスの制度です。日本でも広井良典さんが「若者年金」を提案しています。

　若者が社会に入っていくことへの支援は、それくらいのことをやるのに値する事柄なのだ、そういう認識が世界のスタンダードになりつつあるのだ、ということを強調しておきたいと思います。

雨宮　二〇〇九年も、インディーズ系メーデーを実施します。二〇〇七年まで三～四カ所だったのが、二〇〇八年で一四カ所に増えて、二〇〇九年は一〇〇カ所を目指したい。日本中のどこかで、「生きるのが大変だ！」とか、一人でも声を挙げてくれたら、みんなで押しかけて応援に行こうと決めています。

　全都道府県でメーデーをやって、居場所的なものとか、お金がなくなったらここに相談すればなんとかなるというようなネットワークを築いていけたらと思います。

中島　私はこのような議論をいろんな場所で展開していくことこそが、重要だと思っています。人間の価値観は多様です。だからこそ、諸価値の葛藤に耐えながら合意形成していく関係性こそが重要なのです。そのことに「右」も「左」もありません。「バカの壁」をつくっている場合ではありません。いま取り戻さないといけないものは、しっかりとした「言葉」と「議論」です。

　小泉元首相がぶっ壊したものは自民党でも官僚政治でもなく、議論です。そして言葉です。私たちは、それをもう一度取り戻すところから、この荒廃を立て直していかなければならないのではないかと思います。

（本書写真提供：Horoto Press　野口隆史）

雨宮処凛

作家・プレカリアート活動家．1975年生まれ．著書に『信号機の壊れた「格差社会」』(共著，岩波ブックレット)，『プレカリアートの憂鬱』(講談社)など．

中島岳志

北海道大学公共政策大学院准教授．1975年生まれ．南アジア地域研究．著書に『政治を語る言葉——札幌時計台レッスン』(共著，七つ森書館)，『インドの時代——豊かさと苦悩の幕開け』(新潮文庫)など．

宮本太郎

北海道大学大学院法学研究科教授．1958年生まれ．比較政治・福祉政策論．著書に『脱「格差社会」への戦略』(共編，岩波書店)，『福祉政治——日本の生活保障とデモクラシー』(有斐閣)など．

山口二郎

北海道大学大学院公共政策大学院教授．1958年生まれ．行政学・政治学．著書に，『政権交代論』『ブレア時代のイギリス』(以上，岩波新書)，『ポスト戦後政治への対抗軸』(岩波書店)など．

湯浅 誠

NPO法人自立生活サポートセンター・もやい事務局長，反貧困ネットワーク事務局長ほか．1969年生まれ．著書に『反貧困——「すべり台社会」からの脱出』(岩波新書)，『派遣村——何が問われているのか』(共編，岩波書店)，『貧困襲来』(山吹書店)など．

脱「貧困」への政治　　岩波ブックレット754

2009年4月22日　第1刷発行

著　者　雨宮処凛《あまみやかりん》　中島岳志《なかじまたけし》　宮本太郎《みやもとたろう》　山口二郎《やまぐちじろう》　湯浅 誠《ゆあさまこと》

発行者　山口昭男

発行所　株式会社 岩波書店

〒101-8002 東京都千代田区一ツ橋2-5-5

電話案内 03-5210-4000　販売部 03-5210-4111

ブックレット編集部 03-5210-4069

http://www.iwanami.co.jp/hensyu/booklet/

印刷・製本　法令印刷　　装丁　副田高行

ISBN 978-4-00-009454-2　　Printed in Japan